大都會文化
METROPOLITAN CULTURE

大都會文化
METROPOLITAN CULTURE

Tolerance is Everything for Success

氣度決定寬度

忍，輸贏一念間！

序

氣度是寬度，也是「忍」的一種表現。在人類的歷史長河中，我們看到有無數的成功人士，氣度非凡，也都將忍字奉為人生圭臬，並且是忍的大贏家，他們本身的人生經歷就是從忍到贏的典範。

忍一時風平浪靜，退一步海闊天空。天地之間，紛繁複雜，熙攘眾生，千姿百態。一個人生活在社會中，不可避免地要同其他個體或事物發生千絲萬縷的關係。但任何事物都是有所制約的，人在社會中同樣不能夠隨心所欲，無拘無束。因而，當我們與外界發生衝突時，如何才能「化干戈為玉帛」，如何運用我們的智慧和韜略，從容不迫地走向成功的人生？又將如何持一分超然的心態，寧靜淡泊、處變不驚的氣質，面對人生的榮辱成敗，利害得失……

別人的經驗帶給我們一些有益的啟迪，能幫助我們在繁雜的人際關係中化解不必要的仇恨與摩擦，從而去迎接各種挑戰、去拓展亮麗的人生，從而信心百倍地去征服世界。

氣度代表一個人的忍讓程度。換句話說，忍，是將刀架在心上的考驗；讓，是為人處世的潤滑劑。所以，忍讓是應酬、交際的訣竅，是修身自省德性的陶冶。

氣度顯示著一種力量，是內心充實、無所私欲、無所畏懼的表現；忍讓是一種謙虛的美德，是強者才具有的精神品質，是智者的胸懷。氣度更是一種思想，一種境界，而能將當中的忍讓放在心中並實際執行的人，我們相信他的路會越走越寬，事業與成功也會越積越大。

前言 004

第1章 氣度是高級的忍讓術

■人活著必須忍 010
■忍是超越坎坷的力量 014
■不忍之禍與能忍之福 019
■能忍之人的成功5法 061
■不可不知的忍讓技巧 085
■忍者無敵 109

第2章 讓願景煥發出內心的力量

■成功的道路是由目標鋪成的 140

Tolerance is Everything for Success

目錄

■把想得到的東西作為目標……151
■面對困難，堅持奮鬥就有成功的希望……158
■扭轉逆境中的人生……162
■認清不現實的目標……168
■專注於目標……174
■目標的單純與唯一……179

第3章 有氣度，人生不走回頭路

■把握今生……168
■堅持全方位發展……200
■天道酬勤……208
■能忍則忍，不因小失大……222
■忍讓有一定的限度……235
■有了好氣度就能從內心快樂起來……240

第1章 氣度是高級的忍讓術

視野有多大，事業就有多大；思想有多深，基業就有多深。

能忍之人，如潛龍在淵，不發則已，一發必勝。

人活著必須忍

古人常說，「忍」是心上一把刀，有誰情願在刀下生活，折磨自己，整天提心吊膽地過日子？但是，實際生活、工作中，不管你喜歡不喜歡，情願不情願，客觀環境就要求你忍，不忍不行，哪怕如刀刺心，你也必須忍。「忍之須臾乃全汝軀」，能忍則安，全身遠禍。

偉大的思想家孔子說：「小不忍則亂大謀」，因一時意氣遭災惹禍、身敗名裂的事例是很多的。所以無論從公、從私，忍在很大意義上就是客觀條件對人類的制約，而且是一種高度文明的、秩序化的制約。

春秋晚期越國的國君越王勾踐，越王允常之子，西元前四六五年繼位，長達三十二年，他是春秋時期最後的一位霸主。

勾踐即位時，鄰國吳國的國君是闔閭。

由於他的父親允常不願意幫助吳國來打楚國，又支持闔閭自立，從此兩家就結下了怨仇。闔閭趁越國有喪事之機，興兵討越。混戰中，越軍射死了吳王，加深了雙方的仇恨。夫差繼位後，發誓要報越國殺父之仇。西元前四九四年，在吳越夫椒戰爭中，勾踐被他們打敗了，同時被他們困在會稽山。

勾踐雖然打了敗仗，但他聽取了臣下范蠡和文仲的意見，答應他們卑辭向吳國求和，等待時機一到以再圖大業。文仲透過吳臣伯嚭說服吳王接受了越國的求和，勾踐夫婦入吳為奴，在闔閭墓旁的石室裡餵養馬匹。他們小心翼翼地侍候著吳王，對他也是百依百順，忍饑受凍，他們也絲毫沒有什麼怨言。就這樣整整過了三年，吳王終於相信了他們是真的已臣服了，於是決定放他們回他們的國家。

回到了越國以後，勾踐再次遷都會稽，重修政制，用極快的速度復興自己的國家。他尊賢禮士，敬老恤貧，以百姓為念。為了牢記亡國之痛、石室之辱，不讓舒適的生活消磨了意志，他撤下錦繡做成的被子，鋪上柴草褥，吃飯時先嘗一口懸在床頭的苦膽，給後人留下了臥薪嚐膽的成語。後來他又頒佈了一系列法令，發展生產，增加人口，減緩刑罰，輕徭薄賦，博取了軍民的愛戴之心。他命令國中男女入山採葛，趕織黃絲細布獻給吳王，表示自己的忠順，用來麻痹對方。而這一招也很有效，吳王一時高興增加了越國的地界，從而也放鬆了對勾踐的警惕，他認為勾踐是真的屈服於他了。

勾踐與君臣們心連心，大家共同努力，發憤圖強，國勢也不斷地強大起來，而吳國呢？卻一天天走向衰敗。經過了近十年的耐心等待，西元前四八二年，勾踐趁吳王發兵北征之機，發動了復仇戰爭，越國大獲全勝。但考慮到吳國實力猶存，勾踐答應了伯嚭的求和之請。西元前四七五年，越軍攻打姑蘇城，圍了兩年以後，最終攻下了這座城，夫差逃至姑蘇山。歷史驚人地重演了，這一次品嘗勝利滋味的是越王勾踐。夫差當時就自殺了，越國從而吞併了吳國。因此，勾踐成為春秋末年政壇上顯赫一時的風雲人物。

忍是中華民族的一種美德，是一種高尚的情操，也是儒家文化提倡的精神。忍耐的態度，通常是由家庭生活學來的。一人要忍耐，必先把脾氣練好，脾氣好就能忍耐下去。家庭的生活賦予我們練習忍耐的機會，因為在家庭中，子忍其父，弟忍其兄，妹忍其姊，侄忍其叔，婦忍其姑，妯娌忍其妯娌，自然成為多代同堂團圓局面。

這種日常生活磨練影響之大，是不可忽略的。以前唐朝的張公藝九代同堂，唐高宗到他家問訣竅。張公藝只請紙連寫一百個「忍」字。這是張公藝的幽默，是對大家庭制度最深刻的批評。後人不察，反拿百忍當傳家寶訓。自然這也有道理。其原因是人口太多，聚在一起，若不相容，就無法安身，在家在國，同一道理。能這樣相忍為家者，自然也能相安為國。

在現代或者是將來，「忍」對於成功都有著極其可貴的作用。無論是對於個人還是團體，「忍」都是必不可少的。

忍是一種能力，是一種素質，也是一種修養。同時，忍在人與人之間也是不可缺少的，人有了忍耐，走向紛繁的人與大自然之間，複雜的事情就覺得簡單化了。因此，不管社會發展潮流趨勢如何，人活在世間中，忍耐還是要繼續發揚。特別是人與人之間發生了些矛盾，更應注重於忍。正如常人說：大事化小，小事化無。這也就是忍的結果。

忍是一種智者的選擇，只有忍住了暫時的種種不利才有可能達到成功的巔峰，所以說忍是一種超越坎坷的力量。

忍是超越坎坷的力量

面對著人們種種的提問，到底該如何去回答。從詞義上說：忍耐是把痛苦的感覺或某種情緒抑制住不使其表現出來。在一個歷史悠久的社會大家庭裡，任何人或組織，都必須具備這種承受壓力的能力。

孔子對忍耐有精闢的見解。據有關資料記載：有一位弟子問：「以德報怨，何如？」孔子說：「何以報德？以直報怨。」也就是說，對待事情要公正，而不以別人對自己的態度。別人對你有恩，應當報答；別人對你有怨恨，也應心平氣和。一般來說，能忍耐人的，人將感激他的寬容，也會以心平氣和對待他。

「忍」的真實背景首先表現在人與自然的關係上。自然界孕育了人類，為人類的生存、發展提供了條件，但同時又制約著人類。

人作為自然的產物，一切都離不開自然。依附自然，尊重自然規律，同時也要接受自然洗禮，生老病死，婚喪嫁娶，一切都要順從自然。

人類對自然界的忍讓和順從是發展自身、繁榮社會的明智之舉、必經之路。忍的真實背景還表現在人與社會的關係上。

人類要和順地生存和規律地生活，就得忍耐住自己的種種遐想，遵天命，順天理，合民意。如果有誰不尊重大自然非要與之作對，破壞生態平衡，就只能遭到自然規律的無情懲罰。正是自然界這種不可抗拒的規律，迫使人們對自然界採取忍讓寬容的態度，才能享受大自然的恩賜，享受著溫暖的陽光。也正是對自然界的忤逆，人類不得不忍受狂風暴雨的肆虐和顆粒無收的饑荒。

在春秋戰國時，藺相如對廉頗的忍讓是很典型的一例。

廉頗是趙國的名將，曾多次率兵與他國打仗，為趙國立下汗馬功勞，是一位馬上將軍。藺相如最初不過是趙國宦官繆賢的門客，憑著自己的機智勇敢，兩次為趙國立下大功。趙文王時，趙國曾得到一塊寶玉——和氏璧。秦昭襄王捎信給趙王，要用十五座城池與趙國換和氏璧。趙王懼於秦國的威勢，只好答應，但找不到合適的人擔當護送和氏璧的任務，繆賢便推薦了藺相如。到了秦國後，藺相如發現秦王並無誠意換玉，便用計將寶玉完整地送回了趙國。趙王為了表彰他不辱使命完璧歸趙，就拜他為上大夫之官。後來秦、趙在澠池會盟，秦王讓趙王彈瑟，趙王不敢不彈。彈完，秦國史官上前在史冊上寫道：「某年某月某日，秦王命令趙王彈瑟。」藺相如一看，國辱難容，就來到秦王身邊讓他擊罐，若不擊，便與他同歸於盡。秦王無奈，只好擊了一下。藺相如讓趙國的史官記下：「某年某月某日，秦王為趙王擊罐。」回國後，趙王認為此行藺相如的功勞最大，便封他為上卿，官位在廉頗之上。

這一來廉頗想不通，認為自己身為將軍，有攻城野戰的功勳，而藺相如不過是耍耍嘴皮子，立了點功勞就位居自己之上，更何況藺相如本來就出身微賤，豈有此理。於是公開揚言：「我碰到藺相如，一定要讓他好看！」相如聽說了，並不與他計較，只是不肯和他見面，每當上朝時就推託生病而下去，避免和廉頗爭高下。

有一次，相如外出，遠遠地望見廉頗，就趕緊讓車夫調轉車頭躲避。手下的門客們受不住了，一齊進言：「您和廉頗同朝為官，他對您惡言相辱，您憑什麼忍氣吞聲、躲躲藏藏，未免太膽小怕事了，我們都覺得是個恥辱，何況位居高官的您呢？我們忍不下去了，讓我們走吧。」相如聽了並不生氣，只是勸門客們不要走，並問他們：「依你們看，廉將軍比秦王還厲害嗎？」大家說：「當然比不上秦王。」相如說：「既然如此，那個威震天下的秦王，我都敢在大庭廣眾下呵斥他，我再無能，難道會只怕廉將軍嗎？我是想，強秦之所以不敢侵犯趙國，是因為有我和廉將軍同時在朝為官，如果我們倆鬥氣，就會像兩虎相爭，不能共存；那趙國就危險了。我之所以躲著他，無非是把國家的危難放在前頭，把個人的恩怨放在後頭罷了。」

廉頗聽到了相如這番話，非常感動，就光著身子，背著荊條到藺相如家中請罪。他跪在地下說：「我太淺薄了，沒想到您的胸懷如此寬大。」兩人從此結為至交，成為生死與共的朋友。

在人類社會中，要使整個社會按照正常軌道有秩序地發展，人們就得克制自己的欲望，約束自己的行為，遵守法制，遵守社會公德；就得學會忍，必要時要強迫自己忍耐，把個人的欲望和要求限制於不妨礙他人、不危及社會利益的合理範圍內。如果衝突發生了，要善於克制、忍讓。

在為人處世方面，人不能只想著自己，也要考慮別人。有時候情況不明，該忍還是要忍，不要急於求成，更不要衝動。因此，遇事能忍才是一個人品德高尚的表現。

不忍之禍與能忍之福

在現實生活中，我們一定要清醒地認識到，生活是不可能一帆風順的，它是充滿了坎坷的。生活一旦出現問題，大多數人開始時不是一籌莫展，把自己搞得焦頭爛額，就是硬往前撞，哪管他三七二十一，死了也悲壯。這固然表明一個人的勇氣和自信，但往往會適得其反，事情會扯不清理更亂。而毫無價值的犧牲，最終受害的是自己。我們每逢遇到類似的難題時，完全應該忍。

遇到窘境時低一低頭，不代表我們沒有骨氣，韜光養晦，忍一時之辱是為了日後更加有力地出手一擊。

中華民族是最能夠「忍」的民族之一，由「忍」這個字，就能看到造字者對忍的態度。綜觀歷史，有很多可以借鑑的鏡子，許多偉人都有超人的忍耐力。如周文王曾忍食子之痛、孫臏曾忍斷足之苦、韓信曾忍胯下之屈、勾踐曾忍嘗糞之辱……正因為他們能忍，日後才能雪恥復仇，成不朽的偉業，可知忍這個字有多麼重要。

所以說，受辱時唯一的辦法是忽視它；不能忽視它就忍受它；如果忍受它也不可能，那麼我們就只能忍受辱了。

不能忍的情形常常是不得不更加忍。因為你不忍，結果禍事發生，於是自己也就不得不再雪上加霜，情況更糟不得不更去忍。這是非常可悲的情形，人生常常因此更加悲慘，命運因之更加坎坷。

在人生路上，不忍之禍常常有這麼幾種情況，我們應小心應付。

1、聰明反被聰明誤

從古至今，「聰明」皆為世人所嚮往。歷朝歷代，堪稱聰明的人數不勝數。聰明者若善用之，上可安邦定國，下可家和事興；若用之不善，輕則有鄰里失和，敗家之虞，重則有喪命亡國之憂。熟悉《三國演義》的人大多知道曹操手下有位掌庫主簿楊修，乃是朝廷太尉楊彪之子，字德祖，博學，聰明，而且有能言善辯的好口才。他本應成為國家之棟樑、安邦之良臣，可惜卻誤投生性多疑的曹操門下，並數犯曹操禁忌，終招大禍。

究其因，皆由其為人恃才放曠，不知善用聰明，反為聰明所累才招來殺身之禍。

聰明雖大多先天註定，但如何運用自己的聰慧才智，則是靠後天的經歷悟性與審時度勢。曹操雖文能吟詩作賦，武能行兵佈陣、上馬廝殺，可惜生性多疑，嘴裡惜才愛才，骨子裡卻是妒賢嫉能之輩，此非良禽所棲之木、良臣所侍之主也。

古語有云：「帆只揚五分，船便安；水只注五分，器便穩。」從古人的例子不難悟出：過於鋒芒畢露，不知謙遜者終將自取其咎。可惜的是，楊修雖堪稱聰明人，卻未明白「槍打出頭鳥」的道理，落得英年早逝的下場。只是不知道，臨死前的楊修可否頓悟？

另外，一代名將——淮陰侯韓信，不論是帶兵作戰還是軍事謀略方面的才能皆在其主劉邦之上，勇冠三軍，威震四野，本應福至九族，蔭及子孫，只可惜聰明人卻未明匿彩之道，不僅以勇略震主，更以功勞謀權謀利，終招致誅滅三族之災，釀成自己的人生悲劇。試想，韓信若能將「雪忿不若忍恥之為高」貫徹落實至終，又豈會到此地步？

古人的例子離我們都已太過久遠，歷史的長河中卻仍然還閃耀著他們的光輝，他們的功過是非早已有人評說。歷史的記錄是給我們以警示，讓後來的「聰明人」不要再重蹈覆轍，留下新的遺憾和悔恨。可是，在現實生活中這樣的人實在數不勝數。

君不見那些有著八分或十分的才能與聰慧的人，往往會十二分地表露出來，他們精力充沛，熱情高漲，銳氣逼人，自視頗高。常常不留餘地地待人處世，鋒芒畢露間卻處處碰壁而歸，在人生之途屢屢受挫。聰明人何以反被聰明所誤，實值得才華出眾者深思。

2、相煎太急

為爭權勢不念君臣、父子之情者古已有之，為貪錢財不念手足之情者亦是大有人在，但天網恢恢，疏而不漏，終將得到應有的懲罰。

清朝嘉慶年間，江西南昌有一對同父異母的兄弟：哥哥鄧世麒，弟弟鄧世麟，父親早亡，哥哥鄧世麒便擔負起了繼母與比他小十多歲的弟弟的生活。

鄧世麒在湖北武昌經商，生意不錯，便將賺到的錢寄回家中供弟弟讀書和母子倆人的生活之需。自己卻長年在外，無暇分身回家。後來便在武昌成了家，可惜妻子病故了，也沒有留下一子半女。孤身一人的鄧世麒沒有再娶，只是不斷地寄錢回家。

弟弟鄧世麟在哥哥的資助下考中了秀才，又娶妻生子，日子過得很富裕。哥哥見弟弟已長大成人，便要他將自己寄回的錢在家廣置田產屋肆，以便葉落歸根時有經濟來源和落腳之地。

一晃二十多年過去了，鄧世麒已是快六十歲的人了，一次生意失利，再加上年老體弱，自己身邊又沒有一個人照顧，便萌生了回南昌老家安度晚年的念頭。

待他回得家來，不料卻吃了個閉門羹。原來是他那同父異母的兄弟見他年紀老了，生意又虧了本，覺得是個包袱，便閉門不見。鄧世麒萬萬沒有想到自己關懷備至的弟弟竟是如此的忘恩負義，與之理論，反被弟弟一口咬定家中的一切財產均是自己經商所得，哥哥雖在外經商，卻從未寄回過半文錢。傷心氣極的鄧世麒迫不得已只好將之告到官府，孰料南昌縣知縣在審理時，看見田地房產的契約是鄧世麟的名字，便判定哥哥鄧世麒敗訴了。

含冤莫辯的鄧世麒在無可奈何之際只好將自己回家時帶著的少許積蓄拿出來，準備回武昌重整旗鼓，解脫困境。不曾想運氣不好，在自已經商幾十年的武昌又栽了個跟頭，生意再次失利。鄧世麒萬念俱灰，跳進了江水中想了此殘生。

命不該絕的鄧世麒恍恍惚惚清醒時，已躺在了一打魚老翁的船上。老漁翁救了他。當老漁翁問他為何這把年紀了還要輕生時，鄧世麒不由悲從中來，將自己的遭遇說與了老翁聽。

老漁翁也為之憤憤不平，說：「那你為何不去官府告他？」

「我告過了，在南昌縣。可是我那狼心狗肺的弟弟早有預謀，所有的契約上全是寫的他的名字，鐵證如山，我根本沒有辦法打贏官司的。」鄧世麒說完又不免傷心地痛哭起來。

思來想去，老漁翁建議鄧世麒到湖廣總督衙門外去攔轎喊冤，並對他說：「我們這裡的張總督最痛恨的就是不仁不義之人，已為好幾件冤案平了反，殺了一些惡霸，你去他那裡告狀，或許能行。」

鄧世麒聽從了老漁翁的建議，請人寫好了一張狀紙後，便來到了總督衙門外等候。一直等了三天，到第四天時才見總督出來，於是不顧一切地走到大街跪下，頭頂冤狀大喊：「冤枉啊！請總督大人為小民申冤！」

當時的總督姓張名百齡字菊溪，進士出身，聽到喊聲後，叫人帶將過來，問了幾句便收下狀紙，讓鄧世麒回去等候傳訊。

張百齡看完狀紙不禁拍案而起，立即提筆寫下「欺兄霸產，天理難容」八個字，連夜派人送往武昌知府程治平處，要求迅速查辦，三日內回報。

程治平不敢怠慢，立即傳來鄧世麒詳細詢問，但這件不屬自己轄區內的案子使程治平大傷腦筋，只好如實回報張百齡。

面對這件棘手的案子，張百齡沉吟了一會，問程治平：「你近來辦了什麼大案沒有？」得知破獲了一起江洋大盜案之後，心生一計，便對程治平說：「你回去找其中一位罪情較輕而坦白態度又較好的人，只要讓他招認沒有追回的贓物是存放在江西南昌鄧世麟家中，就可以將『斬立決』改為『斬監候』，再將供狀送到我這裡來。」

程治平依言行事。張百齡馬上辦好一份公文：「南昌鄧世麟系盜夥之一，坐地分贓，理應捉拿來武昌，一併處理。」讓手下送往兩江總督衙門。

鄧世麟就這樣被帶到了武昌，在張百齡的巧妙安排之下，為辯明自己不是盜夥之一，只好如實說出家中所有財產均是其兄在外經商寄錢回來置辦的。當他具結畫押後，張百齡傳來了鄧世麒，鄧世麟一見哥哥上堂後方知自己中了計，可已悔之晚矣。滿臉羞愧的他只得聽從張百齡的發落。

最後，鄧世麟雖免予追究參加盜夥坐地分贓之罪，但卻被革去了秀才資格，另重責四十大板，所有家中田產房屋，悉數歸還鄧世麒。

為一貪念，鄧世麟不僅置年老體弱的兄長於不顧，還陰謀設計霸佔對自己疼愛有加的兄長的財產，實乃天理難容，人情難容，何異於禽獸？最終，只是得到一世的罵名與自己良心的譴責。

正如曹操的兩個兒子，弟弟曹植對其兄曹丕所作的一首五言詩中說的那樣：「煮豆燃豆萁，豆在釜中泣。本是同根生，相煎何太急！」即使是親同手足，相互間也必須要學會忍，忍權勢之貪，忍財帛之貪，忍名分之貪，方是做人的根本。否則，如禽獸，又何言自然界之精靈？又何言主宰萬物？何言祥瑞之氣？

3、驕兵必敗

建安五年，曹操與袁紹正相持於官渡，原是袁術手下部將的孫策經過幾年的艱苦奮戰，此時已佔據了江東的一大片土地。尚未滿足的孫策見曹、袁二人分身乏術，便有心揮師渡江北上，乘機襲擊曹操的老巢許昌，擴充自己的地盤。

曹操聞訊後深感憂慮，若放棄目前興師征討袁紹的大好時機，來日勢必需耗費更多更大的財力、物力、精力，頗為得不償失，但如果讓能征善戰、素有「小霸王」之稱的孫策乘虛攻佔了自己的根基之地許昌，則亦將動搖自己根本，必將大失元氣。

進退維谷的曹操為此舉棋不定，寢食難安。

這時，曹操的一舉一動盡入身邊謀士郭嘉的眼中，他已洞悉曹操的心思。只見郭嘉站出來替曹操分析說：「孫策雖削平了江東五郡，佔據了不小的地方，死在他手上的江東豪傑也不少。只不過是他身邊有幾位被他籠絡住了願為他拚死效力之人。但孫策素來為人張狂，有其致命的弱點，處事不穩重，又沒有太多戒心，故而眼下雖擁有十萬士兵，亦如一個在曠野中行走的獨行者，不足慮也。另因他攻城掠地，兼併群雄，其仇家可謂多矣，故我料定孫策必死於匹夫之手。」

曹操聽罷方解心中所慮，堅定了平定袁紹的決心，不曾班師回救許昌。

孫策也正如郭嘉所言，平日為人處事不知隱忍自己的倡狂之心，倡狂之態，以致引起手下人的怨恨，終於令自己在行兵北上的前夕被昔日吳郡太守許貢的食客刺殺身亡，導致功敗垂成，遺恨而終。

待聽得孫策已亡，曹操心中大安，已無後顧之憂的他更是信心百倍地與袁紹鏖戰於官渡。

可惜此時的曹軍糧草已近決絕，不能久持，甚為危急，而袁紹卻因烏巢屯有糧車可與曹操打持久戰。若袁紹能聽從謀士許攸此時的建議，乘曹軍糧草不繼，分兵攻其老巢許昌，則曹操回天乏術，只有束手就擒。但生性多疑的袁紹卻未聽從，反疑許攸乃曹操的奸細，逼得許攸重投故友曹操。袁紹由此失卻一次滅曹的大好時機。

而袁紹自被曹操派人劫去一次糧草之後，始聽從部下審配之言，派兵把守糧草重地烏巢，但所派之人大將淳于瓊卻是一性剛烈且好酒之輩，雖領了兩萬人馬屯守烏巢，卻終日與手下諸將聚飲，根本未將守護糧草之職放在心上。袁紹因用人不當，已為官渡之戰的失敗埋下禍根。

而曹操卻對投奔而來的許攸禮讓有加，待為上賓，並依許攸之計親率人偷襲烏巢，一把火將袁紹賴以生存的糧草燒得精光。袁紹自恃兵多將強，未把人少勢弱的曹操放在眼中，疏忽大意，不知用兵之要，驕傲自大又聽讒惑亂，不信忠言，終招兵敗急急如喪家之犬逃竄而去，勝負由此逆轉。

驕傲乃涉世為人之大忌，上至王侯將相，下至平民百姓，若存一分驕傲之心，必招禍患。如果不能忍一忍，終有一天會招來禍端，那時悔之晚矣。

故而《王陽明全集》中有這樣的話：「今人病痛，大抵只是傲。千罪百惡，皆從傲上來。傲則自高自是，不肯屈下人。故為子而傲必不能孝，為弟而傲必不能悌，為臣而傲必不能忠。」

一個人涉身處世若不能看到別人的長處，輕視別人，則會驕傲自大，傲慢無禮，自以為是，而這些正是失敗、死亡到來的前兆。古人對此有十分清醒的認識，在《勸忍百箴》中就曾這樣寫道：「金玉滿堂，莫之能守。富貴而驕，自譴其咎。諸侯驕人則失其國，大夫驕人則失其家。魏侯受田子方之教，不敢以富貴而自備。蓋惡終之釁，兆於驕誇；死亡之期，定與驕奢。先哲之言，如不聽何！昔賈思伯傾身禮士，客怪其謙。答以四字，驕至便衰。斯言有味，噫，可不忍歟！」這句話對於如今生活在浮躁、驕矜之氣盛行的社會中的現代人來說，尤為有用。

驕傲是個人修養的大敵，有了驕心便不可能忍，不可能聽進他人的忠言，不能躬身自省，不能擺脫俗情，消除物累。

4、禍從口出

因口而招惹來災禍的原因，一是貪吃喝，因一時的美味沒有品嘗到，以致產生爭執，影響彼此的關係，為自己埋下災禍的種子，甚而會由此引出仇恨，導致身死或國亡；二是「言多必失」，滔滔不絕的講話自然會牽涉到對諸多事物的看法、見解，對他人的好惡、愛憎等，從而暴露出許多的問題，不是被人抓住把柄，懷恨在心，伺機報復，就是被人傳話時曲解其意，增加不必要的誤解、隔閡，徒添煩惱。

故而早有古人指出：「恂恂，便便，侃侃，訚訚，忠信篤敬，盍信諸神；訥為君子，寡為吉人。亂之所生也，則言語以為階，口三五之門，禍由此而來。《書》有起羞之戒，《詩》有出言之侮，天有捲舌之星，人有緘口之銘。白珪之玷尚可磨，斯言之玷不可為。齒頰一動，千駟莫追。」

恂恂，誠實不欺；便便，明白流暢而善辯；侃侃，剛強正直；訚訚，和顏悅色而爽直。古人認為做人就應該忠誠老實，行事必須忠厚嚴肅，謙恭，始終如一。只有這樣才能全身利事，保護自己於人世之中。

南北朝時晉國有位大將賀若敦，多次榮立戰功，便不甘心屈居同僚之下，總想做大將軍，當見到同僚晉升時，他心中便頗不服氣，久而久之，抱怨、憤恨之情就溢於言辭。後來，當他又一次打了勝仗、凱旋而歸時，自以為立了大功必定會得到封賞、晉升，孰料事與願違，非但沒有加官晉爵，反而丟掉了原有的官職。這次，賀若敦再也忍不住心中的不滿與失望，將怨氣、憤怒全撒向了傳令吏。

傳令吏為此很不高興，便報告給了晉公宇文護。晉公聽後大為生氣，於是下令讓已被貶為中州刺史的賀若敦自盡。死到臨頭的賀若敦這才意識到自己的嘴為自己招來了大禍。賀若敦為了讓兒子記住自己的教訓，臨死前拿起錐子刺破了兒子賀若弼的舌頭。可是，自己的性命卻再也救不回來了。

日子如流水般逝去。賀若敦的兒子賀若弼又做到了隋朝的右領大將軍。幾十年的時間沖淡了父親的遺訓，賀若弼忘記了錐舌之痛，常常為自己沒有當上宰相而怨言不斷。他開始犯與父親賀若敦相同的錯誤：忍不下別人的職位高於自己的現實。

歷史在重演。當原本職位在賀若弼之下的楊素被晉升為尚書右僕射，而他仍為將軍時，他也像其父一樣大發怨言，無法隱忍心中的不滿情緒。

賀若弼為此被捕下獄，也遭到了隋文帝的責備：「你這人有三大過：一是嫉妒心；二是自以為是，以為別人不是；三是目無長官，隨口胡說。」不久，隋文帝念他有功，沒有深究，也就把他放了出來。

被放出來後的賀若弼卻沒有吸取父親與自己這次的教訓。不思悔改，又到處宣揚自己與太子楊勇之間的關係，以此來抬高自己的身價。不知不覺中，賀若弼一步步地將自己推向了死地。

不久，楊廣取代失勢的楊勇成為了皇太子，賀若弼自然也失去了炫耀的本錢與仰仗的靠山。這時，隋文帝再次召來賀若弼，責問他平日不滿宰相高穎、楊素，言外之意是不是認為皇帝也是廢物？賀若弼承認自己是說過高穎、楊素不適做宰相的話。朝中的許多公卿大臣見賀若弼被問罪，受過氣的或怕受株連的均紛紛揭發他過去說過的那些不利於朝廷的話，聲稱其罪已當死，要求處罰他，以解往日之恨或借此擺脫關係。

牆倒眾人推，此時的賀若弼再無往日的盛氣，也不再攻擊別人，只求隋文帝能留他一條性命。後來，雖保得性命，卻被貶為庶人了。

像賀氏父子這樣不假思索地大發怨言，想求榮華富貴卻反使其如過眼雲煙般從自己手中溜走，後悔已是不及。所以世人當謹記：言多必失。

嘴的主要功能除了用來說話以外，就是吃喝了。因以「多言」會惹禍，貪吃亦可招災，輕則吃虧上當，重則喪命辱國，不可不慎也。

古人言：「飲食，人之大欲。未得飲食之正者，以饑渴之害於口腹。人能無以口腹為心害，則可以立身而遠辱。」

宋、鄭兩國交戰，一次宋國大將華元為犒賞士兵，就殺了一些羊。可是在分給士兵們吃時，不小心將自己的車夫羊斟遺忘了，於是車夫羊斟便認為華元看不起他、輕視他，由此懷恨在心。等到交戰時，車夫羊斟為發洩心中的怨氣，就對華元說：「以前吃羊時，都是由你做主；今天則是由我做主了。」說完駕著車進入了鄭國軍隊中，讓鄭軍捕獲了華元，宋國也因此被打敗了。作為大將的華元固然有其疏漏之處，但羊斟僅僅因為沒有得羊羹就置國家利益於不顧，伺機報仇洩恨，實乃小人行徑、小人胸襟也。

宣公四年，鄭靈公得到楚國進獻的兩隻龜，正當廚師在收拾龜的時候，被剛進宮的子家和子公看見，兩人相視而笑。

原來，在他們準備進宮見靈公前，子公的食指動了一下，他便對子家說：「只要我的食指哪天動了，哪天就有美味吃。」子家本不信，剛才那一幕落入眼中，便相信了。靈公見二人神情有些古怪，問其原因，子家就告訴了他。

鄭靈公聽子家說完後，覺得好玩，有心想逗弄一下子公。於是，等到吃龜的時候，靈公卻不讓子公吃。一下子，子公就被激怒了，認為這是靈公在侮辱自己，便不管不顧地強行用手指沾了一點湯來嘗。鄭靈公見此很生氣，覺得子公膽子太大了，簡直是在犯上，就想將子公殺掉。

然而，早有殺君之心的子公卻先下手為強，以此為藉口聯合子家殺了鄭靈公。由此導致一位君王的倒下、一個國家的滅亡，可謂因口不忍而招致的最大、最嚴重的禍患了。

故而《食箴》中曾有：「羊羹不及，華元受其謀；龜羹不均，子家受其禍。」之語，講的就是上面的事情。民以食為天。食本是生存的基本條件，但人活一世，卻並非只為吃喝而來。

5、色字頭上也是刀

孔子曰：「食色，性也。」大可不必因噎廢食，談色色變，但也不能因此而恣意縱情，貪戀美色甚或荒淫無度，沉溺其中。

古往今來，不知有多少王侯將相的前程斷送在了聲色之中，甚至葬送自己乃至一家老小的性命。愛美之心人皆有之。喜怒哀樂惡愛慾雖是人類弗學而能的天性，但我們卻不能為此而放縱無度，不加節制。

夏朝的君主桀對自己的寵妃妹喜可謂是言聽計從，不惜用盡財力、人力建造瓊宮瑤台來取悅妹喜，漸漸地朝政荒廢，民心渙散，給了湯以可乘之機，為自己招來了殺身之禍。沉溺於女色的桀肆意胡為的結果雖得了一時之歡，卻導致了國家的滅亡，真是得不償失呀。

唐玄宗為了取悅楊貴妃，不惜派人專程從南方馬不停蹄地運來貴妃愛吃的新鮮荔枝。有詩為證：「長安回望繡成堆，山頂千門次弟開。一騎紅塵妃子笑，無人知是荔枝來。」天寶十四年，「安史之亂」導致唐都長安陷落。「開元盛世」就在妃子的笑聲中日漸衰敗，因玄宗迷戀美色而走向了末日。

色，一個個深刻的教訓來自於人性的弱點，來自於不能忍誘惑、忍貪念，終於毀掉了自身的修養，疏遠了自己從事的事業，損人又不利己，到頭來只落得個人財兩空，竹籃打水一場空，枉自嘆息而已。

人們常說：忍字頭上一把刀，而色字頭上的那把刀，也是把殺人不見血的刀，是歷久彌堅的一把刀，是需要以才智、理智、修養、品質時時提防的一把刀。

在相同不利的情況下，有些人反而採取了比較聰明的方法：那就是忍，並且他們也因之獲得了命運的轉機，重新贏得了人生。這就是忍之福。

能夠忍的人常是意志力堅韌的人，他們以各自的智慧為自己的人生贏得了忍之福。這也有好幾種情況。

6．撲滿以完全

「撲滿」，是人們小時候用來存錢的容器。它有一個小孔，只能放進，卻不能取出。當裡面裝滿錢幣的時候，必須將它敲碎。

想來，人是不希望自己遭此噩運的，但是否效法「撲滿」，以腹內空空，腦內空空就能保全自身完好無損呢？不是的，躋身紛繁塵世，只有領先自己的言行遵循「愚」、「讓」、「怯」、「謙」的教誨方可避禍趨福。

在適當的時候學會忍讓，便可避免許多大災禍，讓我們「逢凶化吉，遇難成祥」。有了成就、得了權勢和地位的人大多會受到別人的猜忌，於是有些人總喜歡避諱，將自己的短處掩蓋起來，可唐朝名將郭子儀卻反其道而行之。

郭子儀是唐朝中期的傑出將領，因戰績顯赫被封為汾陽王，王府蓋在長安的親仁里，幾乎占了親仁里的四分之一，家中有三十多人進進出出。就是這樣一個豪華、顯赫的府邸，作為一家之主的郭子儀卻沒有讓它警衛森嚴，而是敞開府門，任人進出，百無禁忌。

一天，郭子儀手下的一名將官因調任外地特來辭行，由於知道郭府不需通報便徑直走進了內宅。剛巧，身為王爺的郭子儀正在為夫人和一愛女梳妝打扮幫忙，一會兒端水，一會兒遞手巾，一會兒拿鏡子，其樂融融的景象令人羨慕。本來若是在尋常百姓家便也不以為奇，可這在王府中就讓人覺得那是奴僕們做的事。

這位將官回去便將此事當做稀奇事一樣講給了自己的家人聽。於是一傳十、十傳百地傳遍了整個京城，大家在茶餘飯後談論著，當做笑話般。

寬大仁厚的郭子儀沒將此事放在心上，可他的兒子們卻覺得有失體面。於是相約找到父親，要他關上大門，像別的王府一樣不准閒雜人等隨便出入，並說：「父親，普天下的人都因您功業顯赫而尊敬您，您也應該自己尊敬自己，不要讓人隨便進出王府內宅，就是商朝的伊尹、漢朝的霍光也沒有像您這樣做呀！」

郭子儀聽完兒子們的訴說不禁哈哈大笑起來，讓跪著的兒子們起身後便收斂了笑容說：「孩子們，我這樣做不是圖慕虛名，而是為了保住我們的身家性命啊！」

此話讓孩子們一頭霧水，忙問其緣由。

郭子儀長嘆了一聲，語重心長地說：「我如今爵封汾陽王，作為人臣已是一人之下萬人之上了。往前走，再沒有更大的富貴可求。你們現在還太年輕，只看到我們郭家的顯要聲勢，卻不知這顯赫背後已是危機四伏。月盈則虧，盛極而衰，按理我應急流勇退才是萬全之策，可如今朝廷要用我，皇上怎麼會讓我解甲歸田、退隱山林？再者，我們郭家上上下下有三十餘口人，到哪兒去找能容納這麼多人的隱居地？在這進退兩難的境況中，如果我再將府門緊閉，與外界隔閡，如果與我有仇怨的人誣告我們對朝廷不忠，則必然會引起皇上的猜忌，若再有妒賢嫉能之輩添油加醋，落井下石，則我們郭家一門九族就性命不保，死無葬身之地了。」

兒子們這才明白了父親的良苦用心，再也不提關閉大門的事了。

身為四朝重臣的郭子儀可謂是功高蓋世，可他卻明白「聰明聖知，守之以愚；功被天下，守之以讓；勇力撫世，守之以怯」的道理，並身體力行，方能全身而終，蔭及子孫，澤被後代。

不爭一時之榮辱，不爭一事之勝負，郭子儀明白產生災禍的原因，知道該如何消災免禍，並善於忍受恩寵與幸運，實在是智者之忍呀。

7、厚積薄發

中國文化講究厚重的積澱，輕巧、詭道，雖然在軍政謀略中推崇詭道、奇計，但其莫不是從「正道」中演化而來。正如此，在眾多教益人的典籍中，也透出此種思想，總教人辛勤治學，勵精圖治。大凡功成名就之人，都有「精誠所至，金石為開」

的精神，最主要的還有「正心、誠意、修身、養性、齊家、治國、平天下」的過程。厚積薄發講的也就是這個道理，看似輕鬆自如的言語行動卻來自於深厚的積澱。

文明的進程、科學的發展以及世界文化的交流為我們帶來了豐富多彩的物質生活，名車美食、世界風光，豪宅美女休閒娛樂的方式多得不勝枚舉，無一不在吸引著我們，除了部分人借著父輩的蔭庇輕易獲取以外，更多的則要靠自己去努力打拚。為著那些美好的生活，我們要付出艱辛的努力，然而卻有許多人不是一步一步向上，而是投機取巧，沽名釣譽以求暫時風光；也有的人不思進取，坐吃山空，飲下悲哀與懊悔。

艱辛地打拚是為了自我價值的實現，這裡面有對社會的貢獻，也有自身名利的收穫，打拚的過程是不斷學習、求取進步的過程。現代教學體系大致分為小學、中學、大學，少則需十餘年，多則要花二十年。當人們借著所學獲得某項大獎或成為老闆時，應該不會忘記那一段漫長的苦學日子，也得承認不是那段「厚積」哪來這「薄發」呢。

我們可以在媒體上或生活中看到，某位畫家熟練地揮動畫筆，佳作很快躍然紙上；某位作家坐於一隅，美文頃刻間流瀉；某位鉅賈前往談判，很快就滿載而歸……於是大發感慨，殊不知在這些背後的艱苦付出，正所謂「十年寒窗無人問」。

當別人在欣賞世界盃時，他們在燈下苦讀；當別人觥斛交錯時，他們在苦思冥想。他們的成功不是投機而來，而是歷經積澱的「正」道，是瓜熟蒂落、水到渠成。

厚積是求取各類知識與經驗的過程，在這一過程中，不但要忍受各類休閒娛樂的誘惑，甚至還要忍受許多饑餓和寒冷以及親人離別之苦。

宋朝太傅胡翼之早年在泰山攻讀；一去就是十年，收到家信若看有「家中平安」內容即不再讀下去了。在這一過程中，有時還要忍受皮肉之苦。因而有人說：「罷了，罷了，這樣辛苦我還是馬上就要去做生意了。」我們再來淺談做生意吧。

市場調查是第一步，你要從事某一行業對此行的資訊不可不查，於是，消費者調查、產品使用者調查、口碑調查，一大堆問題、說法擺在你面前，然後是辦公室地址的選擇，資金、管理、客戶。你沒有掌握這些知識經驗多半是「凶多吉少」，於是又打退堂鼓，這時我就要反問：「你究竟想做什麼？」即使不創業，也要生存，你的知識技能能否適應社會呢？即使能，也是暫時的，一切都在發展，一切都在進步，你駐足不前，必被淘汰出局，那麼同樣要去不斷學習，同樣去忍受辛苦。

厚積，是苦樂之忍，人生有苦有樂，先苦是為了後甜。厚積需要既能忍苦又能忍樂的精神。既要忍受求取知識、技巧，獲取經驗的辛苦，又要忍得吃喝玩樂的誘惑。你謹記這兩個字就會感到學無止境，因此也就在現實中從嚴要求自己不會為一時之成就懶散自己。如果一位畫家功成名就之後就放下畫筆去鑽研理論或從此賦閒，以後他就不可能畫出佳作。而一教師或理論家、一位作家不再筆耕，不再探索和思考，那他也就寫不出什麼感人的作品了，厚積是不能停止的。

厚積的目的是為了展現自己，如果不展現自己就失去了意義。西漢名臣王章早年求仕長安，曾貧病交加，難以忍受，甚至面對妻子痛哭流涕。其妻指責、勸慰他在逆境中要倍加努力，才華才能展現出來。於是王章咬牙忍受一切困苦，終被重用。事實如此，許多人經過數年艱辛努力終無所獲便改弦易轍或徹底放棄，如果徹底放棄則前面所有的努力等於白費，但改弦易轍還有少許用處，因此厚積還要能忍受失敗的痛苦。

厚積薄發講究執著，不執著就會去重蹈覆轍。某人經營一家公司多年，稍有成效時又馬上與人合夥開了另一家公司，受大環境影響，舊公司的效益遠遠低於新公司，受利益影響他便關閉了已有相當基礎的舊公司全身心經營新公司。孰料情勢移轉，舊公司所經營產品看漲，而新公司則陷於泥潭之中，當他再想經營舊公司時已無昔日基礎，只能嗟嘆再三。

厚積是一種基礎，有了堅實的基礎便可上可下，可左可右，可大可小，有了這一基礎之後就要小心呵護，不可因貪圖一時之利而放棄，凡事應能忍受誘惑，應按自己的實力與目標前進，所有的應變靈活性應建立在自己的基礎之上。厚積包含硬體和軟體兩部分，硬體指自身學業資歷的修煉，軟體則指社會關係及資本。你要忍過流言、白眼、誤解，去廣交朋友，忍過清苦去累積資本……厚積還是接受廣博知識的過程，利用一切可能的條件從別人、媒體或書中獲取於己有利的知識，要做好這一過程，須能忍驕狂之氣，然後不恥下問；能忍虛驕之氣，然後去蕪存菁的吸取養分；能忍大苦，能吃虧，然後孜孜以求……待到羽翼豐滿，振翅高飛，一舉成名天下聞。

8、從長計議

世間有許多事都不能盡如人願，就像一個有才能的人不可能總是得志，但也不會一生都沒有施展才華的機會。《墨子・尚賢士》也曾說：「官無常貴，而民無常賤。有能則舉之，無能則下之。」

縱觀歷史上許多著名人物，因能忍、善忍而終得以成大事者為數實在不少，像輔佐周武王滅商、人稱姜太公的姜尚即是典型的一例。

說起姜太公，大家都比較熟悉，是商末周初人。原為貴族的家道已中落，年輕時的姜尚只是一介貧民，而且為了維持生計的他還不得不去做一些小生意。經商的姜尚可謂霉運運當頭，無論是賣肉，還是販酒，都破了產，連老婆也離他而去。不過，年輕的姜尚並未因此而頹廢沮喪，甘於平庸，相反，每日得為衣食奔波的他胸懷大志，堅持不懈地閱覽群書，研究、探尋治國興邦之法，以期有朝一日能施展自己的才華與抱負。

日復一日，年復一年，姜尚已是黑髮變白髮，卻仍報國無門，此時的商朝在紂王的統治下，已經日暮西山，逐漸呈現出了滅亡的景象。姜尚不願以自己的才能去幫助荒淫無道的商紂王繼續殘害百姓，他要等待，等待一位仁義、聖明之君，於是這一等便是幾十年。

已至垂暮之年的姜尚仍壯志不已，得知周王在廣招賢士仁人，便離開商都朝歌來到了西周境內的潘溪，每日垂釣，以待時機。求賢若渴的周文王早就聽說過姜尚的聲名，得知其在潘溪，便趕來與之相見。這一見就談得很是投機，均有相見恨晚之意。周文王於是親自將姜尚扶上車，並立即拜為了太師。

周王朝的建立，姜尚功不可沒，而姜尚之所以能夠輔佐周文王，靠的全是他的那股堅定的意志，超人的勇氣和智慧，忍受幾十年的艱苦生活，以長遠的目光看待自己目前的處境，以平常之心待之；忍受幾十年懷才不遇，無處施展抱負的痛苦和磨難，不墜青雲之志，不隨波逐流，不助紂為虐，方能成就此番大業，名垂青史，萬古流芳。

忍受清寂、貧困的生活，忍受富貴榮華的誘惑，用一生的時間來等待良禽棲息的高枝，良臣所仕的明主，這不是一般人能做到的，但唯有如此，方顯出賢士君子的真本色。

同樣的，許多人在逆境中總是能不折不撓地奮爭，在順境中卻因貪一時之歡暢或蠅頭小利迷失了自己。特別是幾個人共同創業，逆境中相扶相攜，使之漸成基業，但當基業在迅速膨脹之時，忍不住自己的貪欲，或貪名、或貪利、或貪獨自發展，而演出「分家」的悲劇。

要創建事業，須胸懷全局，不可因小事損大事，因局部誤整體，這又要求追求者應能忍受意見分歧。不論是經營企業還是經營人生都要有高遠的目標，時時事事都圍繞其服務，這樣，便不會為細枝末節所干擾，不會走上「旁門左道」，也就能忍讓許多能忍讓、不能忍讓的事，達到既定目標。

有了從長計議的思想，忍讓便能「更上一層樓」。

9、光明磊落

一個人生活在世上，若能不存私心，不挾私念，正直、誠懇地待人，公正、嚴明地處事，則自會福星高照，當災禍降臨時化險為夷。但作為一名決策者時，更重要的是應該忍住猜忌之心，不偏聽偏信，行事待人皆須光明磊落，冷靜地思考、分析明辨是非曲直，方可滅小人的威風和邪惡之氣。

漢昭帝繼位時還是一位只會撒嬌、貪玩的孩童，於是漢武帝在去世時將昭帝託付給了朝中大臣霍光、上宮桀和桑弘羊等人。又因霍光官至大將軍、大司馬，是幾人之中地位最高的，故而朝廷大權均在霍光的手中。

為此，霍光招來了上官桀、桑弘羊以及昭帝的姐姐蓋長公主的嫉妒，再加上霍光因為一心為國、忠心下二地輔佐著小皇帝，將國家治理得國泰民安，聲譽不斷地提高，更使得那些嫉妒他的人恨得牙癢癢，勾結了昭帝的哥哥（想當皇帝卻沒有當上的燕王劉旦），密謀設計除掉霍光。

一晃時間就過了好幾年，漢昭帝已經十四歲了，桑弘羊等人終於抓住了一個機會：趁霍光休假之時，派人冒充燕王劉旦的使者拿著一封偽造的書信去見昭帝。信中說：「身為大將軍的霍光在檢閱御林軍時擺的是皇上專用的儀仗，吃的是皇上才能享用的飯菜，而且未經皇上的批准，便擅自增調武官封大將軍府，其耀武揚威、獨斷專行實乃目無法度，根本未將皇上您放在眼裡！臣擔心霍光圖謀不軌，犯上作亂，對皇上、對社會不利。因此臣願辭去王位，到宮中來保衛皇上的安全。」此時如果昭帝有一絲絲的猜忌之心，霍光則將大難臨頭了。上官桀、桑弘羊等人早已做好了一切準備，只要昭帝有一點動靜，就會逮捕霍光。

可是，一直等到霍光休完假來上朝了昭帝也沒有什麼動作。但霍光卻在上朝前聽說了這件事，就沒有上殿只等昭帝的發落。昭帝在殿前沒有見著霍光便叫人去請，霍光只得摘掉自己的帽子向皇上請罪。誰知昭帝卻讓他戴好帽子並說：「大將軍沒有罪，我知道那封信是別人誣陷的。」眾大臣均十分地納悶，皇上沒做任何調查，沒問任何人，又怎知那封信是假的呢？

昭帝見眾人疑惑的神情，便開口解釋道：「大將軍檢閱御林軍以及增調校尉都是最近的事，在不到十天的時間裡，遠在北方的燕王怎麼可能知道？再說了，將軍要耍陰謀也用不著校尉。故而這件事是有人在搞鬼，如果你們不信，只需去問問送信人還在不在就行了。」果然，當左右去找那位送信之人時，送信人早已不見了蹤影。

桑弘羊等人怕事情暴露，連忙勸住要下令捉拿送信人的漢昭帝，不必追究這件事情了。從此，年輕的漢昭帝對霍光更加信賴。不久後，上官桀、桑弘羊等人又設計準備刺殺霍光，但陰謀尚未實施，就被已發覺他們圖謀不軌的漢昭帝和霍光治了罪，殺了頭，劉旦與蓋長公主見大勢已去也跟著自殺了。

霍光身正不怕影子斜，以坦蕩、光明磊落的胸襟和言行獲得了昭帝的尊敬和百姓的愛戴；年輕的漢昭帝也沒有憑一封捏造的信件就無端猜忌、懷疑忠心耿耿的大將軍，反而憑藉清醒的頭腦和冷靜的分析判別是非，發現真正圖謀不軌、有私欲的一幫人，並在必要時刻果斷做出決定，消除了一場內亂，穩定了社稷。

相反，上官桀、桑弘羊一幫人因不能忍受別人的權勢高於自己，陰謀策劃的結果卻導致自己身敗名裂，為求更多的榮華富貴反倒親手葬送了已有的榮華富貴、高官厚祿，真是得不償失，只落得讓人恥笑、唾棄的下場。

人一生中總有遭遇挫折、被人誤解的時候，但只要能心地無私、不爭一時一事之短長，則自然可以處之泰然，心境如春天般溫暖，忍受無端的懷疑與打擊，待到峰迴路轉、柳暗花明之時，自可消除自己的不平之境。

腳正不怕鞋歪，對待無妄之災不但要勇於忍受，更要善於忍受，而且還應積極地找出解決問題的關鍵所在，冷靜、妥善地處理，方能化險為夷，轉禍為福。

如果人們每日沉溺於流言飛語之中，那麼你的情緒會壞到影響你的正常學習和工作。要想不聽這些流言飛語，就不要去做傷天害理之事，正己身求功名，所謂君子愛財取之有道，唯有如此才不易跌倒。別人不猜疑你，你也不猜疑別人，便省出大量時光治學、奮鬥，精力不被無端耗散，自可有所成；你不非難人，別人也少非難你，又省卻許多麻煩；光明磊落要人忍卻猜忌、貪欲之念，如此方能成大事，胸襟坦蕩，光明磊落談吐間自浩曠不已，所行之事自是大手筆。為何？心態使然。

10、與人為善

為人處世應遵循的十條基本原則之一就是要與人為善。只有習慣與人為善之人，方能不為小節而氣憤填膺，方能容天下難容之事。

孟子曾說：「君子莫大乎與人為善。」它是一種德性的陶冶，一種崇高的道德修養，是君子之道德。過於看重利益之人，只知索取而不知奉獻之人是不可能有長久的良好人緣的，也是不會有長久的穩固的成就的。

為人處世，須懂得《詩經・大雅》中所講的「投我以桃，報之以李」的道理。對人以善為之，人也會以善對我，這可從《紅樓夢》中素以貪婪、毒辣聞名的王熙鳳因偶然一次「無心插柳」之善行，才為自己的女兒巧姐尋得一條避禍免災劫後餘生之路中得到印證。

無論是什麼樣的人，小奸小惡也好，大奸大惡也罷，只要有了向善之心，從善之行，就能夠「苦海雖無邊，回頭便是岸」，終可「放下屠刀、立地成佛」。

善惡只在一念間，進一步為惡，退一步則善。與人為善者需隨和但不可違心，更不能同流合污。人性不能太盛，太盛者則只是可敬而不可親，敬亦是無可奈何之舉，更遑論與之親善、與之交往。與人為善者能與他人相處融洽，得饒人處且饒人。

不以小惡為意，不因無關痛癢的小事而錙銖必較，心存善念，以寬容的胸懷體諒他人，終會「善有善報」的。「投我以桃，報之以李」是與人為善之要義，與俗語中的「君子受人滴水之恩，當以湧泉相報」同理，反過來，當我們與人為善之時，以寬宏大度之心對待他人，或許會在不經意中「無心插柳柳成蔭」，受惠之人將心比心自會「投桃報李」，回報於你。

戰國時，衛國漢陽的一個珠寶商家出生了一位男嬰，取名呂不韋。呂不韋長大成人後繼承父業，往來於各國之間經營珠寶，後來到了韓國成為陽翟的一名巨富。

秦昭襄王四十二年（西元前二六五年）時，呂不韋在經商途中與秦國公子異人相識於趙國都城邯鄲。異人是秦國國君昭王的孫子，而其父是已被確立為太子的安國君，其母夏姬為側室，已不得安國君的寵愛。異人在二十多個兄弟中排行中間，極不引人注目，此時是作為人質待在趙國的。

頗有生意頭腦的呂不韋依據生意經上「人棄我取」的原則，認為異人將是有用之人，可以成為一個進行政治投機的條件，只要能重塑異人形象，鞏固他的地位，則奇貨可居也。

呂不韋與父親商量此事，他問父親：「耕田可以得到幾倍的利？」「十倍。」「經營珠寶玉器呢？」「百倍。」呂不韋再問道：「若幫助立一國之主，能獲多少利？」父親回答：「無數的利。」

猶如服了一枚定心丸的呂不韋這才以堅定的口吻對父親說：「既然努力耕作還不能保證衣食豐足，而幫助立一位國君得到的卻是無窮的好處，而且能蔭及子孫，何樂而不為？父親，現在我已決定幫助秦國公子異人了。」說做就做，呂不韋開始了他的計畫。

首先，他來到了異人住處，以相互間的利益說服了異人，使異人同意與自己配合完成這項計畫。呂不韋拿出五百兩黃金，讓異人廣結朋友，自己又帶了五百兩黃金和一些奇珍異寶到咸陽討好安國君寵倖的華陽夫人，讓這位沒有兒子的夫子收異人為兒子。

一套說辭，幾番鼓勵，呂不韋又以切身利益說動了華陽夫人。事情進展得非常順利，不久，異人就被安國君立為繼承人，並依華陽夫人之意改名子楚。

呂不韋又將自己養的一位已有身孕的歌舞姬送給子楚，子楚將之立為正夫人，秦昭襄王四十八年（西元前259年），產下一子取名政，他便是後來的秦始皇，有一說為呂不韋之子。

秦昭襄王五十六年，秦王駕崩，安國君繼位，稱秦孝文王；子楚成為太子。孝文王登基剛三年便死了，於是秦莊襄王子楚繼位。他履行了當初與呂不韋的契約，任呂不韋為丞相，封文信侯，擁有河南十萬戶食邑。嬴政在三年後因父皇駕崩而即位為王，呂不韋則被奉為相國，號稱仲父。呂不韋由此已是位極人臣，縱橫政壇，實現了當初的「獲無數利」的願望。

從一名普通的商人，一躍而成為秦國兩朝丞相，躋身權力頂峰，完成其「三級跳」，不能不謂之為奇蹟。細究其因，關鍵就在於他能「與人為善」，抓住時機「投之以桃」，終得「報之以李」的結局。雖然，呂不韋「與人為善」是有其私欲，但其方法達到的客觀效果卻是不容否定的。

為官者，若能與人為善，自可以少卻許多仕途之荊棘、飛來之橫禍；為商者，若能與人為善，自可少些災禍隱患，八面玲瓏中財源滾滾來；為學者，若能與人為善，自可廣交天下之友，遍識世間飽學之士，虛心圓轉中得些教益；為民者，若能與人為善，自可鄰里和睦，修身齊家，雲心鶴意中俗世亦仙境。

與人為善，不可「利」字當頭，親錢權，疏貧寒。亦不能虎頭蛇尾，善始不善終。否則以前千辛萬苦所做的一切均會付諸東流。

與人為善者須有其原則，不能是「農夫與蛇」之善念、善行，亦不可有巧詐之舉，否則，「蛇」不念其善終傷人，巧詐不掩終自毀。到頭來，只是搬起石頭砸了自己的腳，賠了夫人又折兵，知得不償失時，已悔之晚矣。

能忍之人的成功5法

人生路上風雨多，忍是必然的。忍讓也要有一定的法則。有些事能忍，有些事不能忍。忍是高級的生存藝術，更是讓人生走向成功的路徑。我們一定要慎重地對待忍。

1、忍小謀大

人的一生只有短短數十年，誰不想在這世上做出一番事業，留下一世英名？可是這世界上的人能做事的不少，能成大業者卻微乎其微。為何會如此，因為能成事者除了要有各方面的主客觀條件外，還必須具有過人的心理特質，忍讓便是其中之一。

孔子曾說：「小不忍則亂大謀」。意思就是如果不能忍受一時一事的干擾，不能忍住一星一點的小小的欲望需求，則會因此而影響全局，以至於擾亂即成的大事。

忍小謀大，就是要用遠大的眼光來看待目前的小是小非，不計一時一事的得失，排除各種干擾，忍住各種小功利的誘惑，為實現大目標、成就大事業掃清障礙，鋪平道路。忍小謀大，就是要「一忍制百勇，一靜制百動」；不因小失大，也不因大而無謂喪失信心與勇氣，由此便放棄努力，懾於市井之言，使自己的目標實現遙遙無期，終不可及。

劉邦何以能成大事、創大業呢？原因就在於他能忍，也懂得忍，忍得住個人的享樂，忍得了一時的失敗，忍得下奴僕下屬之言，也忍得個人意氣與自己身體的傷痛。

劉邦能成大業，並不是因為他是一位聖人，不食人間煙火，無貪戀之心，相反，據《史記》上記載，劉邦在沛縣鄉里做亭長時亦是好酒好色之人。當他帶領兵馬進入咸陽後，大多出身於社會下層的將士們看見皇宮倉庫中有許多金銀珠寶，便忍不住貪婪之心，全都往自己的懷裡猛揣，此時的劉邦亦被阿房宮的富麗堂皇和貌美如花的宮女們驚得目瞪口呆，挪不動步。正當他準備下令進駐阿房宮，享受瓊漿玉液美女嬌娃時，其部下樊噲一句「沛公要打天下還是要當富翁？」以及張良的苦心勸諫使他悚然動容，翻然醒悟，馬上收起了自己的貪欲，吩咐手下封存倉庫和宮殿，並帶著將士們回到了壩上的軍營。同時還約法三章，不許將士們騷擾百姓，此舉贏得民心，也得到了民眾的支援與擁護，為他日後稱帝打下了良好的基礎。

一個人努力奮鬥，奮發向上，為的就是使自己生活得更美好。物質享受是任何人都需要的，但當你的大目標尚未實現，你正處於攀登階段的時候，卻一定要有能忍住一些小恩小惠以及物欲的誘惑和控制自己貪念的毅力，方有成功的可能。

忍一時之氣，免百日之憂。有時事業的得失成敗就在你的一念之間。

當初劉邦被項羽圍在滎陽時，曾向韓信求救。苦苦等待的結果不是韓信發兵救援的消息，而是韓信乘機要脅要求封他為齊王的信件。氣急敗壞的劉邦正想破口大罵韓信時，卻被站在旁邊的張良、陳平阻止住了，並要他先顧全大局，解脫自身的困境後再圖地位。劉邦雖怒氣難耐，終還是忍住了心中的怒氣，真的封韓信為齊王，並借韓信的兵力來攻打楚軍，扭轉了不利自己的形勢，奪得天下。

雖說是張良、陳平意識到了問題的嚴重性，也是他倆為劉邦出謀劃策的，但作為最高決策者的劉邦若沒有容人之量，不能聽人之勸，果斷做出決定的話，歷史或許就將改寫。

「一忍得天下」雖是後人對劉邦的讚譽之詞，但在楚漢相爭中，劉邦能以弱得天下，確有值得我們深思的地方。

這個世界上，想成就大事者多矣，正如拿破崙所說：「不想當將軍的士兵，就不是一個好士兵」一樣，人人都有自己的理想和抱負，但在通向成功的途中則必須學會忍耐，忍耐寂寞，忍耐孤獨，忍耐磨難，忍耐雪雨風霜，忍耐責難誹謗……

忍小才能謀大，忍小就是要站得高，看得遠。小不忍則會亂大謀。作為有理想、有抱負，想「謀大」的現代人，能不學會「忍」小嗎？

2、守本克欲

做人，要能自我把持，嚴守己之本分，分清事有可為不可為，克制自己之私欲，方是智者之「禮」也。

《周書・蘇綽傳》中曾說：「凡人君之身者，乃百姓之表，一國之的也。表不正，不可求直影；的不明，不可責射中。今君身不能自治，而望治百姓，是猶曲表而直影也；君行不能自修而欲百姓修行者，是猶無的而責射中也。」

「正人先正己」是這段話的最好註解。我們在要求別人廉潔、公正、無貪欲、無惡行時，應該先自省、檢視一下自己的言行是否合理合法，是否達到了要求別人做到的標準，否則，「表」歪何以求「影」正？

孔子曰：「一心可以事百君，百心不可以事一君。」此言雖是古代做臣子的道理，而用之今日仍可為處世待人之法。當我們一心一意執法，一心一意待人，一心一意為公，一心一意處事時，自然能做到「威武不屈、貧賤不移、富貴不淫」，以浩然之氣常駐心間。

如果說我們不能克制自己的貪念，不能把持住自己的德操，不能以公正廉潔之心對人對己，則終會被貪欲所腐蝕，入泥淖之中而不能自拔。

一代名主唐太宗曾認為：「若安天下，必須先正其身。未有身正而影曲，上治而下亂者。」無論是一個國家、一個民族，抑或一個家庭、一個人，只要能自我約束，以正理、正道行事做人。則可不懼外人之詆毀、恐嚇，也能因自己的言行合乎道義而得到別人的尊重與效仿，由己及人、由此及彼、由小及大地使整個家庭、國度呈現出一片祥和、安寧、廉正無私的氛圍，達「在地則為河嶽、在天則為日月」之境界，待老之將至時，方不畏良心、道義之譴責，百年過後，方不被後世萬代所指責、唾罵。

晏嬰是齊國有名的丞相，歷經三朝而未遭難，實乃不易。究其因，並不是因為他三心二意，善於阿諛奉承討君王歡心，相反，正是因為他有一心一意為國為民之心，只是善於採用不同的方法達到此目的而已。如同「條條道路通羅馬」一樣，目的相同，途徑各異。

做人處事自應有其原則，不可為了利益就趨之若鶩，也不可因有了禍害而唯恐避之不及。唐朝的魏徵以自己的剛正、忠直贏得了唐太宗的讚賞，不僅成為了唐太宗的一面「鏡子」，亦是後世萬代人的一面「鏡子」，一位表率。

守本克欲是為職之道，亦是做人之道。無論君臣、父子、夫妻、同事、朋友之間，若「做人無一點誠懇的念頭，便成個花子，事事皆虛；處世無一段圓活的機趣，便是個木人，處處有礙」。

西漢末年，皇太后王權攬權，給王氏子弟封侯許爵，漢朝的實權均落到了王家手中，王氏家族一時間權傾朝野，一個個窮奢極欲，驕橫無比，唯有身為皇太后侄子的王莽與其他人背道而馳，沒有同流合污。

王莽的父親死得早，沒能封侯，故而王莽一直生活儉樸，刻苦勤奮地攻讀詩書，平日裡對那些紈絝子弟避讓疏遠，只與名士們交往，不僅待人謙和恭敬，行事更是小心謹慎，圓滑機巧，對待長輩們也是溫馴孝敬。侍湯奉藥、噓寒問暖，全無怨恨之言、驕奢之氣，遍獲美譽的王莽，以致被世人奉為道德的典範。不久，封侯的王莽便成為了平輩的王家子弟中最顯赫的一人。

仕途上一帆風順的王莽越發地小心謹慎了，盡其所有的網羅天下名士，這些投奔他的賓客們又成了王莽的「活廣告」，一傳十，十傳百，王莽的德望令萬眾仰慕，如日中天。

為了維護自己克己奉公的美名，王莽不惜以自己的一個兒子的性命為代價，換取了「安漢公」的封號。為了實現自己的政治野心，王莽又在「大義滅親」的幌子下，逼死自己的長子，網羅罪名害自己的叔父、室弟及有牽連人數百名，剷除異己的同時掩蓋了自己的真面目。

漸漸地，王莽開始露出了狐狸尾巴，毒死漢平帝，自己做了「攝皇帝」又做「新皇帝」，將漢朝改為「新」朝，復古改制，倒行逆施，弄得人心惶惶，民怒天怨。此時，人們才明白王莽從前的一切做法，儉樸、忠孝、勤政等只是為了要使自己稱帝而使用的手段而已。

當民眾忍無可忍、揭竿而起攻入長安時，貪念不絕的王莽竟還手執短刀守在六十萬斤黃金與無數的珍寶前不肯離去，落得個遺臭萬年的下場。

真心、誠心是做人的根本，忘其本，輕則招來口舌是非，失財毀名；重則有性命之憂，亡國之虞。到頭來，自己念念不忘的榮華富貴亦只是過眼浮雲，如鏡中花、水中月般虛無縹緲，更留得一世罵名了，那是多麼可悲呀。一個人內心剛直、講究原則並不會影響其涉世時的靈活、機智、委婉、變通及情趣。縱觀歷代建功立業之人，均是善於靈活變通之人。

再以唐朝名臣魏徵為例，他雖以極言直諫，敢於觸犯龍顏而流傳千古，但實際上，魏徵除了得遇明君之外，主要還是因其在堅持原則的情況下能委婉機智地處理事物，善用虛心圓轉的方式來說服君王採納自己的意見，達到自己直諫的目的。

俗話說：「沒做虧心事，不怕鬼敲門」。一個人只要本本分分做人，本本分分做事，以真誠、仁厚之心待人，堅持原則中不失機趣，終能不懼小人、不畏權勢、不屑聲名、不恥寒貧，以安閒之心涉世，方能「笑天下可笑之人，容世間難容之事。」

3、流水不腐

人的一生不過數十年光陰，在這有限的短短數十年間，怎能放縱自己、貪圖享樂而疏於奮鬥？

時光如流水，一去永不返。如果不自警覺，一味縱情取樂、貪圖安逸，就會「少壯不努力，老大徒傷悲」，就會像秋天的落葉般凋零，復歸塵土，枉來這世上一遭。

人生，是一個不斷奮鬥、進取的過程，唯有珍惜時光，積極進取，方能在有限的人生中做更多的事情。

誠然，吃飽穿暖，養閒隱逸的生活令人愜意，讓人嚮往，亦是無可厚非的一種生活方式，在這種生活中極易消磨鬥志，甚而可能蛻化為社會的蛀蟲，為人們所厭惡、摒棄。

生命在於運動。孫思邈在《養性啟蒙》中說：「流水不腐，戶樞不蠹，是運動的緣故。欲望不能放縱，放縱就要造成災禍。」

流動著的水不會腐臭，經常轉動著的門，其軸不會被蟲蛀，人也一樣，只有不斷奮進，不斷制定新的目標，不斷以新的知識充實自己才不會沉溺於安樂窩中、溫柔鄉里，才不會被時代拋棄，不會如秋風過後的草木般枯萎、凋落，空遺一世惆悵。

陶侃，字士行，晉朝鄱陽人，後遷至盧江的潯陽。早年的陶侃孤寒貧困，因范達的推薦，方在盧江太守手下做了一名主簿。

陶侃因自己的才識與不斷的奮進，終於做到了廣州刺史。此時的他並未因自己光耀了門庭，有了榮華富貴而稍有懈怠，滿足於已有的功名財富之中，養尊處優，相反還每天堅持著做一件令人費解的事：早晨起床後將一百個罈子從屋裡搬到屋外，日暮時分再搬回屋內。不解其意的人問其故，他答曰：「我正準備為收復中原失地出力，怎能讓閒適優越的生活磨掉我的志氣，消耗我的體力呢？為了能很好地擔當此任，因而必須要經常鍛鍊，保持強健的體魄和高昂的鬥志。」在以後的仕途生涯中，善於忍受舒適安逸生活的陶侃方能統領八個州，顯身揚名，成為一時之俊傑。

水，只有日夜不息地向前流動、奔騰，才有活力，才不至於成為蚊蚋的孳生地，成為腐物的產床，在熾熱的陽光下變得惡臭腐敗，直至乾涸，消失殆盡，失卻往昔的清澈與亮麗。

人，同樣只有不斷地進取，有一個堅定的目標為之拚搏，其生命才有價值，才有力量，才不至於被生活的錦衣玉食所腐蝕，變得無所事事，碌碌無為，甚而「樂不思蜀」，懼怕磨難，湮沒雄心，待老之將至時徒嘆光陰的流逝。若此，與行屍走肉何異？

春秋時候，晉國的公子重耳被後母驪姬趕出了晉國，不得不流亡他國。追隨公子重耳左右的還有晉國的九位忠臣，身懷安邦定國之才的他們為了國家的復興，忍受拋妻別子之苦，與公子一同出亡在外，盼望著公子重耳回去興邦立國的那一天。

他們一行人到了齊國，公子重耳娶了齊國的公主齊姜，日子安定了下來，生活得很好。一晃七年過去了，習慣了安穩生活的公子重耳日夜沉溺於兒女情長的溫柔鄉中，復國興邦的志氣早已在歲月的流逝中消磨得無影無蹤。

跟隨公子一同出逃的大臣們原指望重耳能依靠齊國的力量達到復國的目的，可眼下齊國的情況也很混亂，自顧已是不暇，哪有能力和精力幫助他們？眼看著公子重耳沉迷、陶醉在目前平靜、安定的生活之中不能醒悟，終於忍不住紛紛勸說起公子重耳別忘了興邦複國的大任。可惜此時的重耳卻置若罔聞，難以自拔。

幾位大臣為此憂慮不堪，聚集在一處僻靜之地開始商討對策。終於，他們有了一個計畫。一位叫狐偃的大臣說：「我們大家回去準備好各自的行裝，相機邀公子出城狩獵，待出得城門便劫他上路離開齊國，讓他想不走也不行了。」大家同意了這計畫，相約嚴守秘密，不得走漏風聲，暗自行動。

誰知這天大的秘密卻被當時正在樹上採桑的重耳夫人齊姜的侍女聽了去，待幾位大臣離開後，她也趕緊去向主人齊姜稟報。齊姜聽完稟報嚇了一跳，侍女口疏，便在訓斥一頓之後將她關進了密室，半夜又找人悄悄地去滅了口。

但深明大義的齊姜思考再三，終於還是親自勸說丈夫要以國家為重，應該振作精神勵精圖治，也不要辜負了大臣們的一片忠心。可此時的重耳哪聽得進去，不願再過顛沛流離東奔西走的流亡生活的他沒有聽從夫人的勸告。次日又拒絕了大臣們的邀請。

眾大臣無計可施，一籌莫展。齊姜經過一番痛苦的內心掙扎後，毅然與大臣狐偃議定：由自己借機會將重耳灌醉，再讓大臣們連夜運載出城去。當夜，在齊姜的說明下，狐偃一行人帶著喝得酩酊大醉的重耳踏上了復國之路，幾經風雨磨難，重耳完成了興邦復國的大業，終成春秋五霸之一。

有了齊姜的曉大義，明事理，犧牲小我和夫妻恩愛、家庭美滿的安樂生活，以及和幾位大臣們一樣克制貪圖享受、安於平淡快樂生活的心理，方才鑄就了公子重耳成為春秋五霸之一，否則，歷史只得改寫。

流水，為了「不」腐，為了奔向大海，或者只是為了「流」這一信念，就能忍受高山的阻擋，深澗的恐嚇，忍受萬里險途的勞苦、寂寞，忍受濁沙的污染，忍受烈日的烘烤，忍受人畜的啜飲，隨著地勢的起伏時急時緩，時分時合，可它沒有停下自己的腳步，哪怕是九轉十八彎，也不放棄信念，一路高歌著向東流去，直至大海。

作為主宰著萬物的人，更應該在不息的信念中學會忍耐忍讓、忍受別人的誹謗，忍受命運的不公，忍受挫折的打擊，忍受富貴權勢的誘惑，忍受生與死的考驗，方能鑄就自己人生的輝煌。

忍，說時容易做時難。水，沒有固定的形態，卻以自己特有的方式適應著這個世界，可圓可方，能強能弱。它是柔韌的，「抽刀斷水水更流」；它是弱小的，任由別人取之；它是堅強的，「水滴石可穿」。

人要做到忍讓，則需要有比別人高一步的追求，高一步的立身，才可以超越眼前一切事物的局限、束縛，不為一時一事之小利小害所迷惑，為之苦惱，爭執不休，無法容忍。水，給了我們太多的啟示，其能載舟亦能覆舟，關鍵在於如何運用。

忍讓，可以使一個人成就事業、施展抱負、陶冶德性；亦能使一個人碌碌無為、安於現狀、無主見、無膽氣豪情、猥猥瑣瑣，關鍵在於如何理解，如何認識。

4、急流勇退

一個人在獲取成功時，鼓舞鬥志，激勵勇氣並不困難，難的是當他功成名就、顯赫一時之時，從意氣風發中清醒、自願地隱退下來，從輝煌趨於平淡的那股勇氣。

能忍常人之所不能忍，不僅是指忍受磨難，忍受誹謗，忍受疲乏，更是指需能忍奢侈，能忍功名、權勢的誘惑。

能功成名就者肯定都是聰明人，但能急流勇退者卻不僅僅是人聰明就能做到的，因為「由儉入奢易，由奢入儉難。」急流勇退，放棄的只是一些名利等身外之物，於人於己皆無損，而得到的卻是超然人品，自然之心，於人於己皆有益，何樂而不為。

追求功名也好，功成身退也罷，在別人眼中無非只是一種形式，對自己而言，一切外在的形式皆由心生，正如一個人有了肚子餓的念頭，才會去吃飯充飢；有了身冷的念頭，才會去添衣禦寒一樣。急流勇退不是一時之衝動，更非沽名釣譽之舉，它所依賴的是輕權勢之念，淡利欲之心。須知：一時一事易，時時事事難。更何況需在功成行滿之時，得意正盛之機超然物外？

「鴻未至先援弓，兔已亡再呼矢，總非當機立斷；風息起休起浪，岸到處便離船，才是高手功夫。」古人早將把握時機、當機立斷之舉講得明明自白，聰明人何須重錘？

急流勇退不是要求你在人生的順境、事業的巔峰之時拋棄一切，退隱山林，它所看重的只是一種心境，一種不為物欲蒙蔽、不為名利誘惑的淡泊心境，它所需要的只是時時警惕，時時自省的清醒頭腦而已。

急流勇退是一種觀念，一種思想。「進步處便思退步，庶免觸藩之禍。」此語出自《周易・大壯》，講的是一隻公羊因看見一道竹籬笆，就自恃自己有堅硬的犄角，便以角撞籬笆，想顯示一番，可惜竹籬完好無損，公羊的犄角卻被撞傷了，不服氣的公羊仍不死心，又向籬笆撞去，這次的結果是被籬笆夾住了犄角，進退不得，只好無可奈何地在那裡叫喚。

這雖是一則寓言，可現實之中的人的行為與其何等相似！我們在笑那只羊愚蠢的同時是否也應該回頭想想自己，檢視一下自己？

能做到急流勇退者確也不少，如范蠡及後來有名的陶朱公、陶淵明、李費等並未因功成身退而湮沒於歷史的洪流中，他們憑著那一股野鶴輕風般的超然之氣成為世代流傳的美談。

張良原是漢高祖劉邦手下的一名大臣，與蕭何、韓信並稱為「漢初三傑」，他熟悉兵法，一生以謀略見長，是劉邦的主要謀士之一。若沒有他，劉邦能否建立漢朝也得打上問號。是他計畫攻佔秦國首都咸陽；是他設計幫助劉邦逃脫鴻門宴上的殺身之禍；是他英明決斷火燒棧道，及時阻止了劉邦準備封賞六國後代的計畫；也是他力排眾議，在楚漢議和後徹底消滅了項羽；還是他幫助劉邦在得天下後鎮撫各將士，建都長安，穩固了漢朝的江山社稷。

可就是這樣一位開國功臣卻沒有居功自傲，不僅拒絕了封賞給他的三萬戶領地，還身體力行了老子所講的「功遂，身退，天之道」的思想，不倚仗功勞讓自己成為顯赫家族，而是閉門不出，潛心學道，以引退的方式來表明了他的人生哲學。

那麼，張良此舉是否就是在逃避人生呢？答案是否定的。從他晚年為使漢朝免於宮廷內戰，為保持社會穩定而幫助太子劉盈請出「商山四皓」的事例中即可見其是以一種更超然的方式來參與朝中大事的。這位早年在下邳向黃石老人學習《太公兵法》的隱者，深深明瞭「達士知處陰斂翼，而巉岩亦是坦途」的道理，也懂得「謝事當謝於正盛之時才是『天之道』」。

急流勇退不是離群索居，更不是逃避人生，逃避責任。在那個年代的官場中，如果不願為五斗米向權勢折腰，不願屈身於「來而迎，去而送；出分金，擺酒席；出軸金，賀壽旦」的無聊應酬中，更不願染上爾虞我詐、明爭暗鬥的惡習時，出路似乎就只有辭官隱逸一條。然而，千百年來，辭官隱逸總被視為人生的消極之舉，為許多謀求功名者所不齒。然事實究竟如何？在今天，我們回顧歷史發覺未必儘是如此。

像前面所說的張良，若與韓信一樣貪戀權勢，則很可能與之落得同樣的下場。如果陶淵明捨不得榮華富貴，亦可能會在官場中消耗掉精力，消磨掉志氣與才情，無法為我們後人留下那一篇篇文風清新、意境悠遠而又具有豐富哲理的詩文，無法成為後世的「隱逸詩人之宗」。

作為現代人，積極進取，完善人生無可厚非，但真正能在某一領域中脫穎而出、出類拔萃者，則總會失去很多方可有成。如果多了一分應酬的時間，則少了一分潛心向學的時間；如果少了一分阿諛，則多了一分正直。

現代社會已給了我們一個相對寬鬆的涉世環境，引退隱逸均不必效法古人拘泥其形跡，而應重在取其意。只要我們明白：引退隱逸並不是讓當事人遁入不食人間煙火的寂寞孤獨中去，正如南宋詩人楊萬里曾說「袈裟未著言多事，著了袈裟事更多」一樣，逃避現實並非明智之舉。而只是要當事人以一種適合自己的處世方式，用寧靜的心境去待人處世，看世間萬物。

急流勇退只是一種形式，真正能做到者才是智者。

在我們這個擁有幾千年燦爛文化的文明古國裡，不能從歷史的積澱中吸取精髓實在是現代人的悲哀。亡羊補牢，猶未晚矣。當我們被物欲蒙蔽了心智的時候，回頭讀讀古人的明訓，總是好的。

5、忍讓之度

我們知道，有句話叫做「沒有規矩，不成方圓」，忍讓也同樣如此。若是沒有了一定的度，則只是怯懦、軟弱的表現，只會使驕傲的人更驕傲，囂張的人更囂張。

忍，是中華民族幾千年文化的積澱，它無時無刻不存在於我們的身邊。

人在一生中，總會有不如意的事發生，當我們遇到不順心、不如意的事時，應該有忍的精神，即所謂「忍一時風平浪靜」。需要我們忍的時候很多很多，如困難、貧苦、誤解、詰責、嫉妒、打擊、挫折、榮耀、富貴、欲望、誘惑、金錢、名譽、權勢、誹謗、浮躁、美色，等等。

《孟子・告子下》中曾說：「天將降大任於斯人也，必先苦其心志，勞其筋骨，餓其體膚，空乏其身，行拂亂其所為，所以動心忍性，增益其所不能。」幾千年前即有賢聖如是告白於天下眾生，現代社會雖在調整發展，但作為一名現代人，若想成就一番大事業立於天地之間，是否更需要忍常人所無法忍受的一些艱辛與磨難？人立身處世的優秀品質並非天生而成，這些品質只有靠後天不斷地培養與修煉方能擁有。

學會忍耐、忍讓固然重要，但更要分清可忍與不可忍之事。不問緣由地一忍了之，無原則地一忍再忍，不是智者之舉，只能表現出你的懦弱與愚蠢，有時更會害人害己。

忍，有一定的限度。當生存受到威脅時，勢必不能坐以待斃；當生命受到威脅時，你亦不能讓自己也讓別人一味地忍，不然不僅是讓敵人的氣焰更囂張，更是一種助紂為虐的行為和思想。

忍讓有度。忍有大小之分。一己之私利與一國之存亡，孰大孰小應分清。

「兩耳不聞窗外事，一心唯讀聖賢書」的十年寒窗之忍是為了有朝一日能金榜題名，光宗耀祖，揚名天下，是為小忍。

勾踐三年臥薪嚐膽，像奴隸一樣打柴、養豬，為的是有朝一日復興吳國，重振國威，當為大忍。忍有輕重之分。聲名與氣節，其別形同涇渭分明。昔日韓信蒙受胯下之辱，忍受別人的譏笑與侮辱，只為了他日得一功名，拜將封侯，就是忍的真諦。西漢蘇武忠貞不屈，忍受十數年的塞外流放，不為榮華富貴、威脅利誘所動，只為了不辱使命，不失氣節，方能名傳千古，這是忍的境界。

忍亦有可忍與不可忍之分。權勢之爭者可忍，禍國殃民者不可忍。

戰國時，陳軫與張儀同時效力於秦國，張儀嫉妒陳軫被秦王重用，便編造讒言毀壞陳軫的聲譽，為的是排擠陳軫，自己得到皇帝的寵倖，而陳軫卻能機智巧妙地擊破讒言，保全性命，同時亦未以牙還牙地對付張儀，穩定了秦國社會的安定祥和，這是因為陳軫深明權勢之爭難免，是可忍之事，故能忍。

忍讓之度，即在於道義、倫理、法律之規是否能容。有度之忍，是因其心無私無畏，其忍方可強而有力。用忍讓的精神去面對世界，自然能心胸開闊，豁達開朗；忍讓有度，方為智者本色。

不可不知的忍讓技巧

忍讓也是一種人生藝術，是有其技巧存在的。達到一定境界的人不僅能夠圓融地處世，更能成功地達到事業的頂峰。

1、外柔內剛

能忍與否常常只是一念之間的事，因而忍一般是指每個人的精神心理承受程度，讓則是將這種忍的精神在個人的行為之中表現出來。換言之，忍是讓的內在思想根本，讓是忍的外在具體表現。

當我們已開始擁有忍讓心境後，就應該注重忍讓的技巧了。例如：微笑的臉龐，文雅得體的舉止、言語等可以使人如沐春風，不覺間受到感染，或者改正自己的粗暴、無禮，或者以禮還禮，禮尚往來，讓這種美德不斷影響周圍的人，逐漸形成一個祥和、安寧、謙遜、識禮的氛圍。

對待同一件事情，不同的人有不同的應對方法，即使是懂得「忍讓」之人，其技巧的高低，也會導致結局的好壞差異。

《菜根譚》中說：「舌存常見齒亡，剛強終不勝柔弱；戶朽未聞樞蠹，偏執豈能及圓融。」牙齒較之於舌頭，自然是堅硬剛強的，可是它們卻經不起蟲蛀菌噬，常被腐蝕得不堪入目，直至完全脫落，而柔軟的舌頭雖經酸甜苦辣，卻毫髮無損，安然無恙。

世人應當明白：內「剛」固可喜，若外亦「剛」則堪憂矣。外柔內剛，就是自己有主見，有原則，不同流合污，而在行動語言上則委婉、圓轉、不恃強、不淩弱，不與人攀比，不爭口舌之勝，不顯貴露富。

正如老子所言：「知其雄，守其雌，為天下雞。」人生應有外柔的意識，不為無謂的雌雄之爭而浪費人生短暫的時光，拋卻人生的使命。

當我們理解了《菜根譚》中「執拗者福輕，而圓融之人其祿必厚；操切者壽夭，而寬厚之人其年必長。故君子不言命，養性即所以立命；亦不言天，盡人自可以回天」之言，自然能夠平衡內心與行為，行事處世方能達及外柔內剛之道。

2、天道忌盈

宇宙中存在著自然法則，中國的聖哲們也素來講究道法自然。無論是在天地、陰陽、晝夜等事物間還是在男人女人之間，自然之道均能創造出一種平衡，一種動態的平衡。如果這種平衡被打破、失去的話，災難的產生也就是必然的事。

月在天，有盈有虧；水在地，潮漲潮落；人在世，生老病死等都是自然法則的體現，沒有誰能抗拒得了，也沒有誰能躲避得掉，對於我們人類來說，同樣也是不能以極端的方式來面對人生。過分的積極或過分的消極，不是正確的人生態度；過分的剛強與過分的柔弱，也不是完美的性格。

欲取得生命的平衡，就應該做到思想與行動上的平衡，而這種平衡就是能夠在理智與情感、邏輯與直覺、緊張與鬆弛，以及理想與現實之間尋找到一種和諧、穩定與統一。

盛極而衰，是自然的規律。於是，人最愉悅的生存狀態，當是在極權與無助、滿足與貧困、傲慢與謙卑、過剩與不足之間。於是，為了達此狀態，則必須平衡內心與行為，而要保持這種平衡，則只有做到謙虛。所謂謙虛，即虛心、謙遜而不自滿。不自滿方能經常保持一種「空」的狀態，因此可以得到更大、更多的益處。

謙虛是人類最為美好與可貴的道德之一。儘管這種美德表現為謙卑與忍讓時會給人以吃虧的感覺，但從長遠的眼光來看，這種所謂的吃虧正是為了使自己在某些方面得到更大的益處而已。

常言道：「有得必有失」反之「有失亦必有所得」。你看那溫室中的花朵，雖得四季常春，卻失去了傲立風霜雪雨中的堅韌；為官者得到了榮華富貴，則必然會失去閒情野趣、自由之身，所謂「人在江湖，身不由己」也；潛心求學之士失去的是遊玩的時間，得到的卻是知識的積累，思想的昇華，人格的完善。

《易經》是一部最富有人類智慧的經典，從中我們能夠明白，轉禍為福的最好方式就是在事物剛剛開始之際處之泰然，安然地等待它的極盛的到來。

《易經》中共有六十四卦，在「大有」卦之後的「謙」卦是所有卦中最好的一卦，因為只有它的六爻全是吉利的，除此之外，沒有一卦是全吉或全凶的，可見謙虛的力量之偉大。

謙虛是一種美德，一種令人尊敬的美德，即使是在最卑微之處，謙虛亦能發出絢麗的光輝，使其得以善始善終。

《易經・謙卦》中有這樣的話：「天的法則，虧損滿盈，增益謙虛；地的法則，改變滿盈，使其流人謙卑；鬼神的法則，加害滿盈，降福謙虛；人的法則，厭惡滿盈，喜好謙虛。」無論是可知的事物——天、地、人——也好，還是不可知的事物——鬼神——也好，均對謙虛大加讚賞、頌揚，難道我們還有理由不以「謙虛」為人生的準則嗎？難道我們還不知該如何地待人處事嗎？

學會謙虛就可學會忍讓。東漢時魏國的黃瓊，出身於書香門第，其父是魏太子太傅黃香。黃瓊因其才學名望，常有公卿大臣們推薦他做官，但皆被其託病推辭了。後來才勉強應朝廷之詔，出任官職。

對他非常了解的太傅李固知曉後，寫來一封信，言道：「常聞語曰：嶢嶢者易折，皎皎者易汙。陽春白雪，和者蓋寡；盛名之下，其實難副。」以此來提醒黃瓊：過於堅硬的，容易斷；過於潔白的，則容易被污染。

故而，我們明白了驕兵必敗、驕將必失的道理後，就應該在自己的事業到達頂峰之時，記住天道忌盈的道理，避免失敗、災禍的降臨。

謙虛者，忌盛氣淩人；謙虛者，忌狂妄自大；謙虛者，忌驕橫跋扈；謙虛者，忌好大喜功。

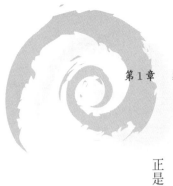

謙虛者，須能夠節制自己的欲望，對權勢的欲望，對財富的欲望，對名譽的欲望，以冷靜、平和、謙卑的心態來指導自己人生的方向，培養自己的道德品格。這也正是《易經·謙卦》中「謙謙君子，卑以自牧也」這句話給我們的啟迪。

回過頭來，我們可以看看一位西方人在研究《易經》時對「謙卦」六爻的解釋。

「底線：要求和期望不太多，也不太少。因為以有節制的方法接近事物，故而大、小事都能獲得成功；

「二線：以節制為原則，公平地對待他人，也希望自己得到他人公平的對待。平等的觀念獲得他人的認同、喜愛，故而他人樂於與之共同前進；

「三線：知道自己的需求，能夠不急不躁地執行自己的計畫，喜歡簡單、中庸方法的人會很樂意參與；

「四線：能給予他人以幫助，並為此贏得他人的尊重和獎勵。因有平等的觀念做指導，故而能不使自己屈從和卑下，也不吹捧和鄙視他人；

「五線：看穿他人的企圖，當有人想利用自己的慷慨時，學會使用一定的手段和力量來堅持自己的權利和原則。即使自己不富有，也會得到鄰人朋友的幫助；

「上線：讓自己的生活環境整齊、清潔，沒有顛倒世界的欲望。明白自己的短處、弱點，在糾正他人錯誤之前，應先使自己的素質增強。」

從中，我們不難發現：謙虛則能忍讓，但卻非無原則的「愚謙」、「愚忍」。學會謙虛、忍讓，自能凡事不爭勝、不強求。天道也忌盈，何況人道呢？

3、難得糊塗

聰明有大聰明與小聰明之分，糊塗亦有真糊塗與假糊塗之別。

「揚州八怪」之一的鄭板橋曾說過：「聰明難，糊塗也難，由聰明轉入糊塗更難。」可見「糊塗」是如何的「難得」。現如今，無論是得其精髓者也好，附庸風雅者也好，為官者也好，布衣平民也好，鄭板橋「難得糊塗」四字可謂是隨處可見，但真正能理解其含義者卻不多，也確實不容易。

當初鄭板橋在為官之時，將官場、世事看得太清楚、太明白、太透徹而又無以力釋之時，又因其性情剛直，不諂媚、不圓滑，而不平不公之事太多，憑一己之力卻又無能為力的時候，只好在「糊塗」之中尋求遁世之術。

老子曾對孔子說過：「良賈深藏若虛，君子盛德若愚。」意欲借善做生意的商人總是將其寶貨深藏不露，等待識貨之主人到來，有真才實學的君子總是憑愚笨的容貌來隱藏自己，等待關鍵時刻來臨時方顯山露水，來說明一個人不可過分炫耀自己的能力，否則，白白耗費精力，又招致他人的反感。

「滿招損，謙受益」已是耳熟能詳。它的本意是說驕傲自滿的人會給自己帶來損害，而謙虛的人則會得到許多的教益。從另一個角度來說，這句話也是說一個人不可太過精明，事事清楚明白，不給人留些餘地，最終只會給自己造成傷害。人畢竟沒有三頭六臂，當你時時事事比別人聰明、能幹時總會引起別人的反感和嫉妒，終究「明槍易躲，暗箭難防」，導致自己無謂地傷害甚至犧牲。真正聰明的人，正直的人大可不必在一些瑣碎小事上錙銖必較，此時「糊塗」一下又何妨？只要能在大事上、原則上保持清醒的頭腦就行了。

人性本是喜直厚而惡機巧的，而胸懷大志之人為實現自己的理想、抱負，有時又不得不在不盡如人意的環境中巧施機智，既達到自己的目的，又不能為人所厭惡警戒，故而應學會藏巧於拙，「用晦而明」的處世方法。就像元末的朱元璋，當他率部攻佔了南京以後，聰明的他聽從了耆老朱升的建議，以「高築牆、廣積糧、緩稱王」的策略在群雄並峙之機，不但避免了因嶄露鋒芒而成眾矢之的，又贏得了時間，積蓄了足夠的力量予以各個擊破；成功地實現了陳倉暗度的計謀，坐上了皇帝的寶座。

「聰明一世，糊塗一時」說的是聰明人有時也會做蠢事。但「難得糊塗」卻是說聰明人表面上愚拙，實則內心清楚明白，「糊塗」有時是不得已而為之，有時卻是故意的，為不同流合污，成為保全自己的人格、尊嚴之舉。

俗話說：真正聰明的人，往往聰明得讓人不以為其聰明。也就是說，有些看似「愚笨」、「糊塗」的人事實上卻是最聰明的人。洪武年間，朱元璋手下的郭德成即堪稱是這樣的一個人。

當時的郭德成，有位妹妹在宮中服侍皇上，自己則官任驍騎將軍，可以自由出入宮中，頗得皇上的偏愛。有一天，皇上召他入宮，在出來時，皇上悄悄塞了兩錠黃金給他，並讓他不要張揚出去。受到恩寵的郭德成恭恭敬敬地謝恩後就將黃金藏到了靴筒中。

走到宮門口的郭德成一反常態，東倒西歪全然一副醉酒的樣子。一不小心摔到了地上，靴筒中的黃金自然就露了出來。守門的侍衛一見馬上報告朱元璋，朱元璋卻不以為意地告訴侍衛說：「那是我賞賜給他的。」可這件事依然鬧得個滿城盡知。

於是有人責備郭德成，說他沒有遵從皇上囑咐，讓他不要張揚，他反而故意顯山露水。但看似「糊塗」的郭德成卻自有一番見解：「宮廷內戒備森嚴，哪有藏著金子出去不被知曉之理？知道的說是皇上賞的，不知道的還說我是從宮中偷的？要想人不知，除非己莫為。到那時，我豈不是百口莫辯？再說，因我妹妹在宮中服侍皇上，我可以進出無阻，又怎知這次不是皇上試探我呢？」

郭德成的這番分析實是入情入理，況其所說也不是不可能發生的事，因此他能防患於未然。如此「糊塗」之舉，免卻了許多麻煩與災禍，不可謂不聰明矣。

細細思量，郭德成的「糊塗」緣於他無貪財之心，無貪勢之念，能忍利益的誘惑。

「糊塗」運用到商戰中，是為了取勝，運用到社交中則為了左右逢源，處理好彼此的關係。當我們在修身養性時，「糊塗」常可使我們心境平靜，無欲無貪，正如「值利害得失之會，不可太分明，太分明則起趨避之私」一樣。

小事糊塗者，輕權勢、少功利、無煩憂，則終成正果；大事糊塗者，則朽木不可雕也。世人應慎之。

4、隨遇而安

人無法改變這個世界，因而只有去適應它。

人與自身所處的世界在既依賴又對立中相互共存著。考卜萊斯頓在《當代哲學》中這樣說道：「人是一個決心實現他的許多可能性之存在，不是一個孤立的自我，而是一個必然與其他事物世界和人們世界相互關係的存在。」

對我們每一個人來說，不可改變、沒有選擇自由的是所處的生存環境，同時也因為我們無法也無力按照自己願望去改變環境。而我們有能力，有辦法改變的唯有自己的處境，一種人和客觀存在的關係。

改變生存方式為的是適應客觀存在，即生存環境。適應，是為了達到在存在中尋找到一個安全、寧靜、祥和、淡然且自己的願望容易實現的位置目的，因而這種適應不是妥協、媚俗，委屈自己、退讓求全；也不是無原則、無氣節的行為。

改變自己，適應環境的選擇有許多，其中最好的莫過於讓自己進入淡泊寧靜的人生境界。

許多人仰慕這種境界，可縱觀天下芸芸眾生，真到自己去實踐時的困難程度不亞於基督徒進入天堂前所需跨過的「窄門」。進入天堂須跨「窄門」；須經受煉獄的磨難，達到寧靜淡泊的境界則須徹悟人生真諦，須有來自人生波折的契機。

欲達超然致遠之境，則「做人要脫欲，不可存一矯俗之心；應時要隨時，不可超一趨時之念。」

做到了脫俗、隨時之人不會長吁短嘆地怨天尤人，不會想入非非地異想天開、標新立異，不會將大好的光陰消耗在這無盡無窮地猶豫、動搖、遷徙、調動、抱怨與頹廢之中，他們總是以積極、主動的心態隨緣順事，一如創立了禪宗五宗之一的臨濟宗的義玄禪師所雲：「隨處可以做主人」的思想。

「隨處可以做主人」，就是要能隨遇而安，正如俗語所說「既來之，則安之」一樣，將自己的身心融入每一處所到之地，每一件所做之事，不避諱，不嫌棄，得好不喜，得壞不憂，平平淡淡中做自我修正，自我完善。排除過去那些理不清的束縛，卸下以往心理上的負擔，順時隨緣的參與現實，適應現實，讓自己的人生「似舞蝶與飛花共適」、「若滿月偕盂水同倒」般成為真正而又自然的人生。

隨緣順事不是隨波逐流；隨遇而安也不是安於現狀，無所事事，膽小怕事，苟且一生。

戰國時期的魏國有一位著名的策士，他就是范睢。出身寒微的范睢雖善斷多謀，擅長辯論，且大志在胸，立志成就一番事業，可惜無人引薦，報國無門的他只好在不得已中來到魏國中大夫須賈府上任事，一次范睢隨奉魏王之命出使齊國的須賈一同前往齊國。

他們一行到齊國後待了幾個月，齊國國君齊襄王聽說須賈的隨從有雄辯之才，便遣人帶了一些美酒及十斤黃金送給范睢，以此表示自己對策士的尊敬。作為使臣的須賈卻未能得到齊襄王的如此禮遇，心中因此有些憤憤不平。范睢對於齊襄王的厚禮，只是心領美意，卻未敢接受。後來在須賈的命令下范睢才收下美酒，黃金則當即讓來人帶了回去。

這件事引起了須賈的嫉妒，也招來了須賈的懷疑，他懷疑范睢是因為將魏國的機密洩露給了齊國，才會受到齊襄王的重視。回國之後，氣量狹窄的須賈立即向魏國的丞相魏齊上告了「范睢受金」一事，為此，蒙受了不白之冤的范睢，便被偏聽偏信的魏國丞相魏齊下令大動刑杖，以示懲罰。

范雎被打得牙齒脫落、肋骨斷裂，渾身是傷的他明白此時自己是百口莫辯，無法洗清自己所受的冤屈，又不想讓自己的一身才略、滿腔熱血就此斷送，於是只好裝死以求逃過此劫，免除災禍。裝死的范雎雖不再受刑杖之苦，被魏齊讓手下人用破草席卷起來扔到了廁所中，並指使宴會上的賓客們用小便溺死他，糟蹋他，美其名曰是警告眾人不得賣國求榮。

面對這天大的委屈，這飛來的橫禍，范雎沒有一死了之，更沒有就此消沉，苟且偷生，隨波逐流。蒙受了這場無妄之災的范雎決定離開自己的國家，另謀他處施展才華，顯身揚名。於是，為了逃生的范雎，以日後重謝的方式許諾看守者，讓他放自己脫身；看守人趁魏齊醉酒神志不清之時，以將范雎「拋屍野外」為由，放掉了范雎。范雎逃出魏府後在朋友鄭安平的幫助下改名張祿隱匿了起來。

鄭安平非常同情范雎的遭遇，於是積極地幫助他重尋明主。

此時的范睢便在忍辱求全中安下心來等候時機，靜待出頭之日的到來。一天，魏國來了一位秦國的使節，鄭安平得知此消息後，便扮作吏卒去接近秦使王稽。此時的秦國國強民富，且大有兼併其他六國的雄心，鄭安平來到王稽身邊為的就是將范睢引薦給他。

機會終於來了。在下榻的館舍裡，王稽向鄭安平打聽魏國的智士賢人中有沒有願意到秦國去的，鄭安平便不失時機地向他推薦了范睢，陳說了范睢的才幹與遭遇，並定於當天晚上讓范睢到館舍來與王稽見面。晚上，范睢依約來到了館舍，與王稽暢談。范睢對天下大事條分縷析，侃侃而談，其才情智慧深得王稽的讚賞，一席話未完，王稽就已決定帶范睢入秦了。

有先見之明的范睢機智地躲過了魏國的搜查，方得以安全進入秦國首都咸陽。最後，在王稽的幫助下，以自己的才華取得了秦王的信任，終於拜為秦國丞相，並封賜應侯，實現了自己要成就一番事業的宏偉志願。

試想，若范雎蒙受委屈之時不能忍一時的皮肉之苦，情志之辱，隱姓埋名等待時機的出現，不消沉，不失望，不安於當時的窘境，又怎能拜相封侯、雪恥報仇？故而，當我們即使是在遭遇人生挫折，「山重水複疑無路」之時，也要善於忍耐，退讓，隨遇而安方可盼得「柳暗花明又一村」的到來。

我們現代，實在需要一點「阿Q」精神來對待失意與挫折，須知「人生不盡如意之事，十有八九」，何苦在一些小小的難關面前便尋死覓活、痛不欲生，輕易地放棄自己的生命與信念呢？人的生命只有一次，在短短的數十年間我們要做的事有許多許多，不要將光陰浪費在無謂的閒聊與隨波逐流之中。時運不濟之時何妨多看看書，多學一門有益的技能，以脫俗的做人之道，以高人一步的信念立身，以超然的心態處世待人，當機會一旦叩響了你的大門，你便能攜著春風直上九雲天。若我們已得命運之青睞，更要能把持住自己的品行，不為烏紗折腰，不為金銀媚顏，堂堂正正護一身正氣，傲立於俗世間，留得清名一世。

隨遇而安，自可消心中怨氣、怒氣、愁氣，得一雅心、真心、悟心。

的。

5、順其自然

世間萬物皆有其法則，強奪不來，巧取不得。人之福禍，有時同樣是難以預料的。

《淮南子·人間訓篇》中曾有這樣的一個故事。有一位住在長城邊的老翁養了一群馬，其中有一匹馬忽然不見了，家人們都非常地傷心，鄰居們也都趕來安慰他，而這位老翁卻無一點悲傷的情緒，反而對家人及鄰居們說道：「你們怎麼知道這不是件好事呢？」眾人在驚愕之中都認為是馬丟失後老翁氣瘋了在說胡話呢，便一笑了之。

可事隔不久，當大家漸漸淡忘了這件事時，老翁家丟失的那匹馬竟又自己回來了，而且還帶來了一匹非常漂亮的母馬，家人喜不自勝；鄰居們驚奇之餘亦很羨慕，又紛紛來向老翁道賀。這次更奇怪，老翁不但毫無欣喜之意，還有些憂心忡忡地對大夥兒說：「唉，誰知道這會不會是件壞事呢？」鄰居及他的家人都笑了起來，認為這次老翁又是被好事樂瘋了，分不清是好事還是壞事了。

可惜不久老翁的話便應驗了。幾天後，老翁的小兒子從那匹新來的馬背上摔了下來，腿斷了。家人們都挺難過的，鄰居們也趕來看望、安慰。只是老翁的態度讓大家不明白，他不僅不難過，相反卻哈哈大笑地對大家說：「這可能是件好事呢！」眾人不明所以，百思不得其解，懷著疑慮各自散了。

事過不久，戰爭爆發，所有的青壯年都被強征入伍當了兵，戰爭是殘酷的，被抓去當兵的人十有八九都沒能回來，而老翁的兒子卻因跛腿未被徵用，故而能與家人相依為命，平安地生活在一起。

失馬的老翁能高人一步地準確看出福禍相依的關係，又能正確對待所降臨的福與禍，想得開，看得透，淡然對之，順其自然，方能禍來泰然，福來坦然。

福與禍，本是一對孿生子。早在兩千多年前，老子就曾在《道德經》中說：「禍兮福之所倚，福兮禍之所伏」也。意即：災禍中總有幸福隱藏，禍是福的先行憑據；幸福裡不免潛伏著災禍、危機，福是禍的潛在前提。

自然界中常有不測之事發生；人生之中常有旦夕禍福出現，因而須有「禍來不必憂，福來不必喜」的豁達胸襟。

在福與禍這對矛盾中，須明白不論福也好，禍也好，均是由主客觀兩方面的原因鑄成的。禍患來時要經受得起，把持得住，順其自然；幸福降至時要冷靜對待，泰然處之，方可樂極不生悲。福與禍常常是偶然與必然的相互轉換，辯證地對待福與禍，才能轉危為安，避禍趨福。

《菜根譚》中說：「多栽桃李少栽荊，便是開條福路；不積詩書偏積玉，還如築個禍基。」、「福禍之間僅懸一念，或因一善念而得福，蔭及子孫，澤被後世；或因一惡念而招禍，喪身亡國，塗炭生靈。」

商王帝辛時，有一隻小雀忽然生了一隻烏鴉，引得人們議論紛紛，帝辛也知道了此事，覺得不可思議，便令人為之占卜占卜的人對帝辛說：「凡是小的生出了大的東西，則預示著國家會吉祥如意，風調雨順，您的聲名亦會提高，得到擁戴。」商王為此吉祥之兆喜出望外，欣悅之情溢於言表，從此沉浸在這吉言之中，不理朝政，且為祝賀這吉言而狂征暴斂，大興土木，結果導致百姓怨聲載道，民不聊生，國庫空虛，外敵入侵而滅亡了。

這位亡國的君王就是我們熟悉的商紂王。商王帝辛不知善待福的降臨，逆天意而為，此福則成了災禍到來的前因，正如古語雲：「天欲禍人，必先以微福驕之，所以福來不必喜，要看他會受。」實應警之慎之。

比帝辛還要早的商朝武丁時候，同為君王的武丁卻剛好與之相反，在國家出現了即將傾覆的徵兆時，能及時改正自己的錯誤，從而得以讓已現出災禍端倪的商朝重新恢復國強民富、興旺發達的景象。即所謂：「天欲福人，必先以微禍儆之，所以禍來不必憂，要看他會救。」

福與禍的到來，不是天降禍福於人，而是因人自身行為、處事的好壞，得體與否的結果，故而孔子告訴我們：「存亡與福禍，都在於自己。並不是天降災禍，地生妖孽，更不能主殺伐。」

祈告上天，不能得真福，也不能消真禍，唯有遇喜不輕喜，見怪不驚異，審時度勢，有氣度、有忍心、有耐性地處理問題，不被災禍所嚇倒，不為幸福所迷惑，泰然處之，順其自然，以良好的心態，以正確的方式方法按照自己的原則始終如一地去做事方能避禍趨福，得福消災。

幸福乃人人所期望、所追求的目標，災禍卻是人所厭之、惡之、避之的緣由，可世間哪有單純的福、純粹的禍？福禍總是相伴相生。不論福至還是禍降，我們所需要的仍是一顆「平常心」，一種「順其自然」之念，方能超然於物外，「持身如泰山九鼎，巋然不動」。

心境如順其自然，待人處世方能顯己之真性，圓潤得體，曉是非，明利害，不落世情窠臼。這才是智者的境界。

忍者無敵

穿越了人生的風風雨雨之後，我們就知道必須要有自己挺立於天地之間的尊嚴。那時我們的忍也就進入了一個新的境界。

1、無道則隱

人在社會中，為人處事宜外圓內方，方以智、圓以融，剛柔相濟，才是人生的最高境界。

被尊為聖人的孔子頭頂著「大成至聖文宣王」的頭銜，卻未在這耀眼的光環下脫離大眾，仍然是一位「平凡的超人」。孔子的一言一行無不與常人相通，「糧食不嫌舂得精，肉不嫌切得細」等世俗間的煙火氣仍然充溢其身，故而視其為平凡；然而又因他生活於世俗之中卻無庸俗之氣，且將世俗引向了超越的高度，故而孔子又是一位聖人。

孔子的人格是正大弘毅的，他的性格似乎有著「橫看成嶺側成峰，遠近高低各不同」般的多樣性，千百年來不同的人可看出不同的東西，得到不同的教益。上者取之循規蹈矩，下者取之圓滑混世。但實際上，這兩者均不是孔子人格的真義。

在《孔子家語》中有這樣兩段記載：「孔子晨作，負於曳杖、逍遙於門而歌曰：『泰山其頹乎！梁木其壞乎！哲人其萎乎！』既歌而入，當戶而坐。子貢聞之曰：『泰山其頹，則吾將安仰？梁木其壞，吾將安仗？哲人其萎，吾將安放？夫子殆將病也。』」形象地描繪了孔子對自己的評價。

孔子自視極高，早已認識到同自己一樣的「士人」們在重建文化秩序這一重大使命下是「任重而道遠」的。孔子的內心是剛毅的，其追求真理的態度亦是堅決而絕對的，方有「朝聞道，夕死可矣」的名言傳誦至今，教誨著後世有識之士，有志之士。

以智使「方」，以融使「圓」，孔子的思想和言行使我們得以一窺人類生存哲學的最高境界。

「三軍可奪帥，匹夫不可奪志」表現的是孔子堅定的意志，也就是堅毅的內心。但並不能據此認為孔子的行為言語也是一副不做到不回頭的莽直脾氣。「直」與「君子」，孔子是分得很清楚的，他說：「直哉史魚！邦有道，如矢；邦無道，如知君子哉蘧伯玉，邦有道，則士，邦無道則可抱而懷之。」在他的眼中，任何時候都「像箭杆一樣直」的史魚，雖可為人欽佩，卻只能是二位「正直之士」，而非「君子」。君子應如有理想、有才華、有品行的人。

君子應言行一致，表裡如一，正氣浩然，但也要學會識時世，剛柔並濟，不可一「直」到底。那些遇喜則喜不自勝，遇悲則怨天尤人，哀嘆悲觀之人，是不能算作君子的。孔子言：「用之則行，舍之則藏」，方為君子處世之策略。但這裡的「藏」不是逃避、隱藏之意，而是指若在不開明、不清廉的環境中，自己的言語應謹慎謙遜之意。

許多人從中學到世故圓滑，不過是得其皮毛而已，並不知道這種與世推移的圓融的處世方式，其根基卻來自於自己內心對事物的執著、堅定的追求。

在孔子的處世哲學中，更具有影響力的是其隱逸思想。孔子曰：「篤信好學，守死善道。危邦不入，亂邦不居。天下有道則見；無道則隱。邦有道，貧且賤焉，恥也；邦無道，富且貴焉，恥也。」

孔子所堅持的「道」不是我們今天所講的一般意義上的道理，而是一種源自修殷、周禮樂傳統的包含社會思想、文化理想的社會秩序。據說周朝的當權者把政、教集於一身，創造出了所謂的王道樂土，朝內朝外並無不同的思想，因而被孔子認為是一個理想與現實統一的完美社會，並以「周鑑於二代，鬱鬱乎文哉，吾從周」的宣言來表達自己對周朝推崇備至、心嚮往之的態度。

「無道則隱」不是孔子的儒夫哲學，不是以逃避的姿態來面對無道的亂世，不是要求人們做一個無責任、少志氣的縮頭烏龜，而應保持「出污泥而不染」，不與世俗同流合污的高尚節操，正直人品。

明代呂坤曾說：「故天地之唯理與勢最尊。雖然，理又尊之尊也。廟堂之上言理其天子不得以勢相奪。既奪焉，而理則常伸於天下萬世。故勢者，帝王之權也：理者，聖人之叔也。帝王無聖人之理則其權有時而屈。然則理也者，又勢之顧恃以為存亡者也。以莫大之權，無僭竊之禁，此儒者之所不辭，而敢任斯道之南面也。」

從這段話中，我們不難看出，理即道統，它是永恆的，不會屈己就人的，它總是以精神權威淩駕於政權之上。於是，濫觴於孔子之「道」的道統終能匯成一股洪流在漫長的歷史進程中蕩滌著權勢的污濁。

「篤作好學，守死善道，危邦不入，亂邦不居」是孔子教誨世人應守信誠實的做人，勤於思考、熱衷學習，記住自己擔負的職責，不輕易地以死殉道，不到危險、紛亂的國家、地區去，避免受到不良風氣的薰染。這些是一個人的修養，也正是君子、智者們潔身自好的作為。

「邦有道則見，邦無道則隱」，均是一個人在有了人格修養的基礎上，以「善道」為原則、為中心，以最好的方法去推行「道」，去完善自己人格的一種手段。無論隱逸與否，都是自身人品的體現。

「邦有道，貧且賤焉，恥也；邦無道，富且貴焉，恥也。」孔子此言是講在有道的國家中應該有所作為，若不能推行自己的政治主張，只是碌碌無為地活著做一個平常人實在是「士人」們的一種恥辱；同樣，若在無道的國家中得了富貴，則必然是採取了不正當的手段，與人同流合污換來的，故更是「士人」們的一種恥辱。孔子的這句話不是教人去謀取高官厚祿，投機鑽營，也不是教人以權、利為重，為目的。因此在有了「善道」這一原則下的隱逸思想便不僅僅是一種生存策略，一種處世手段，而更是一種人類與萬物同生息的存在準則，一種人類自身人格的大圓融。

以「無道則隱」之心，做「有道則見」之事，方能頭腦清醒，眼光敏銳，見識超人，不被世欲之幻象所迷惑，不為人間利欲而動心，能忍、善忍世間平與不平之事、喜或不喜之人，方為大道。

2、吾心已閒

閒暇的時光與現代的快節奏生活能否相容？現代的快節奏生活需不需要閒呢？答案是肯定的。

與閒相對的字為忙，忙字，從緯學中拆字術來看是已亡的意思，如果你終日忙得手腳不停，你的思維必定蕪雜紛繁；失卻自我了。而在閒適中，你會猛然發現天地間有一個或碩大或渺小的自己，這處於競爭之外的自己在屋內的沙發上閒坐，喝著啤酒聽著音樂，這競爭之外的自己在感受時光流淌的同時在感受愜意；或行走於花徑，獨享略帶清香的空氣，或徜徉於海灘，聽濤聲陣陣……

這時的閒不應是消磨時光的靜，而是在積蓄力量的動，其思維正在為下一次衝鋒積蓄力量，或在感悟。

近代心理學研究表明，在工作繁忙時，到戶外散散步或到陽台曬曬太陽，或聽聽舒緩的音樂，除了消除疲勞之外，還易於活躍思維。看來閒是生活、事業中不可或缺的一份佳餚，如何去烹飪和享受呢？這也是一大學問。

世人除了拚命工作外，還特別注重休閒，其花樣之多，目不暇接。有的下班驅車直奔ＰＵＢ，在帶著色彩的暗處品著美酒咖啡，間或與友伴共舞，喁喁私語；或在週末進入綠茵場，揮杆三五十；或在海濱拋灑帶鉤的餌料，釣起一串串歡樂；或在麻將台上立起推倒……這時的時光似乎非常容易走掉，其後的競爭就要到來，日復一日，似乎張弛有度，小日子非常滋潤，然這些有益於競爭嗎？恐怕除了鬆弛神經以外別無更多益處。正因為休閒重要，我們才更為重視，以期在休閒中獲得教益，達到寓教於樂的目的。

唐代著名詩人王維可謂名滿天下，其詩歌成就已是高山一座，但他在詩中不止一次描繪過閒的情境：「我心素已閒，清川淡如此。」「寂寥天地幕、心與廣川閒。」

這種閒的情狀已非常態；而是將自身融於萬物之中，在寂靜中求取樂趣的心境。但並非消極的心境，而是在此間以出世的心態觀察分析世間的沉浮，我們從他的另一句名詩中更可以看出這種思想：「行到水窮處，坐看雲起時。」詩人在霧濕衣衫的環境中看霧靄變幻，定在注視世態，而世態之變莫不如霧靄一樣，於是融情入景的詩句揮灑而就。另外，在這寂寥空曠的溪邊，山谷整現昨日紛繁的思緒，將這化作富含哲理的詞章，以示同仁及後輩。其閒，便產生了巨大的價值。其閒，只是沒有參與傾軋、販賣、挑撥等外在行動，其內心仍在積極運動。這種閒，在文學藝術家身上表現得尤其突出，他們需要，他們無法脫離。即或是政界、商界中人，能有如此時光，定可求得蹊徑，讓自己物我兩忘、身心自由了。

(1) 閒適的時候可以讀書，可以會友，可以記錄心情，做自己想做的事

這種沒有羈絆、任心暢遊的時刻是每個人所企盼的，在閒適之中讀有用之書，記思辨之思，做有益之事是閒的重要之所在。東方儒家文化講求閒情逸致之時同樣提出了立功、立德、立言的要求，如果拋卻事業、工作一味追求閒適，則是消極，虛擲光陰，應在紛繁勞碌之外靜享此刻閒暇時光，而在享受閒暇時光之際，應把握生活中其他一些生活技能。

（2）靜中識真境，淡中識本然

這是充分感受寧靜祥和的情形，忘卻了爭鬥、煩憂，如同走出喧鬧的都市置身於萬籟俱寂的曠野一般，頓覺清爽怡人。此時靜坐屋內，於清茶中品味人生，生命的目的因此明晰，在沒有燈紅酒綠的時空中明確志向。

（3）寄情山水

好不容易盼來休假，收拾行囊，換下沉重的職業裝束，著上休閒服，行進於青山綠水間，但聞鳥語蟲鳴，流覽植物們的倩影，感受自然的同時，數月的重荷也就隨之而去，下一步的打拚計畫隨之而生。

(4) 陶情冶智的琴棋書畫

這是充滿靈性的藝術瑰寶，不喜愛者很少，「琴棋書畫，達士以之養性靈，而庸夫徒賞其跡象；可見事物無定品，隨人識見以為高下，故讀書窮理，要以識趣為先。」當你將它們中任何一樣當做嗜好，你會感受到無窮的樂趣；琴聲悠悠，歌聲陣陣，沉醉其間，心情定會豁然開朗；而在習字作畫時，那墨香營造的氛圍是多麼的高雅，筆走龍蛇，氣韻暢通，色彩繽紛，心胸頓覺舒暢，感受藝術也就是更好地感受生命。至於說到棋，則首推圍棋，黑白二色，方格棋盤，包含了宇宙、生命的意象，千古無同局的萬千變化飽含智慧，當你置身其中時，你會感覺到像將軍在疆場指揮千軍萬馬，正所謂：「漫履揪枰觀局戲，手中悟生殺之機。」琴棋書畫又有眾多不同的內容，以己之好選取其一，不但可豐富人生，而且可借此交上琴友、畫友、棋友，而這些朋友又完全是無利害衝突的清友，是共用美好人生的好伴侶。你的氣質和智慧在其中將會得到改善，為你的成功帶來裨益。

(5)花鳥蟲魚的樂趣

在屋頂，在庭院或在陽臺栽種些花木，養兩三隻寵物，你的休閒生活頓然生輝。這些動、植物在你的照料下健康成長，會讓你感到生命的壯美，讓你更加熱愛生活。而你在欣賞它們時，不會去慨嘆世態炎涼，而充分體味到悠閒與寧靜，所產生的萬千思緒莫不是美好善良的，它們的輕微動態變化，也能撥動你的心弦，讓你遐想……

當然，我們也不應拒絕飛車跳傘等現代休閒方式，於工作之外總想全身心地放鬆，讓自己在喜愛的活動中求得輕鬆，讓疲倦的身心，得以恢復。休閒是人生旅途中不可或缺的驛站，應在這裡求得更多的能量，尋求到契機和轉折。

我心已閒是相對的而非絕對的。

3、大智若愚

有的人自作聰明誤了前程，有的人耍弄小聰明常無功而返，「聰明反被聰明誤」

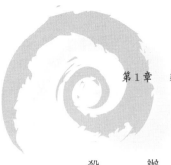

成了許多飽學之士的陷阱，而這一陷阱並非別人所設，而是自己挖掘的。

某主管A才學過人，又是老員工，為公司的發展做出了許多貢獻，深得老闆信任，對其過激的言論也不加注意，慢慢地A便不可一世。公司要出外度假，老闆徵求大家意見，主管反對眾人意見，因為他去過那些地方，最終此項決定被取消。但此事引起了眾人的不滿，在工作中，A又開始獨斷專行，不是深刻理解公司計畫，而是憑自己的觀點指揮下屬，有時還當眾反對公司計畫，自認為運籌帷幄的能力所向無敵，不久就被公司開除了。

A這種鋒芒畢露、自以為是的做法潛存於許多人的身上，這是不能反省自身、將心比心的個性造成的。在公司中除了應與老闆密切配合外，還應慎言慎行，不可越權辦事，該上報由上級辦理的要交由上級處理。如果有這種毛病就應努力「醫治」。

三國時曹魏集團的主簿楊修常常點破曹操心機，成為曹操的一塊心病，最終引來殺身之禍。世人只知「功高震主」為一禍，尚不知「智多震主」也為一禍。

大凡智深之士常常會製造假像來保護自己，東漢時期曾有一位精明的藩王就非常善於保護自己。

劉睦是東漢明帝的堂侄，博學多才，好結交名士，稍長被封，為北海藩王，他也將其封地治理得非常好。每年年底，藩王都要派人進京賀歲，劉睦叮囑臨行的官員：「你見到皇帝後，就說我自從承襲王爵以來，意志衰退，行動懶散，每日只知吃喝玩樂，對正業毫不用心。」如此一說便省去許多猜忌，如果他叫官員在皇上那裡大表功勞，則有可能招來殺身之禍。

那位主管A就是要小聰明之人，凡事喜表現，爭一時之長短，而劉睦則明哲保身，管它外界的評價如何，還自言不思進取，這看似愚魯的做法實則是大聰明。

要知道，真正的大智大勇不是四處炫耀，四處張揚，凡事你都表現得淋漓盡致沒有遮攔，將會引來眾人的非議，在立身處世你做到有進有退，進就勇往直前，退則要講求技巧。大智若愚則是最好的退路；本來勇猛之士，在必要時要裝出怯懦的樣子，如劉備與曹操的梅園飲酒，曾談論天下英雄，當曹操指出劉備是當世英雄時，劉備大為吃驚，將筷子落在地上，此時的劉備雖有雄心，壯志卻無多大勢力，加之屈於曹操之下，若表現出雄才大略定將遭害，而筷子落地之時天空雷鳴電閃，劉備忙答曰：「一震之威，乃至於此。」掩蓋了曹操試探之言所擊中的慌張，曹操放心而去之後，劉備又開始種地了。

與其說劉備臨機而變是一智，不如說劉備自始至終都在與曹操周旋，他終日種地，不與各路諸侯暢談國事，也不隨處宣揚自己是漢室宗親，為脫離曹操做好了準備。劉備素有統一天下的鴻願，而他的一生中很少有激昂的宣洩場面，他將智慧與雄心掩飾起來，使他逃離了許多災難，而其他諸侯如董卓、袁術的滅亡則與他們過度張揚有關。

李白的詩除了極度個性藝術化外，仍有其深刻的哲理，如：「大賢虎變遇不測，當年頗似尋常人」，劉備在入主四川之前一直被追得東躲西藏，不是尋常輩嗎？當時有幾人知道劉備能成霸業，如果眾人知道恐早就被將之圍剿了；在特定環境一定要有蛟龍沉潭一動不動的胸懷，一旦時機成熟方可騰空而起，翱翔九天，如果不暫時委曲求全，被別人阻去進路或被人陷害又哪來日後的翱翔呢？不忍不讓必會引火上身。忍讓是我們民族一直提倡的思想，很早就將這一思想融入了我們的圖騰——龍的身上。

眾所周知，龍不是具體之物，而是一種象徵，一種精神的象徵，傳說中的龍呼風喚雨，法力無邊，但許多人卻不知龍修煉到那一步要經歷許多時間和形態。

《易經・乾卦》就是以龍的各種態勢來表述一種規律。

（1）**潛龍勿用**

這時是積蓄力量，儲備能量的時候，不可貿然行動，否則，可能夭折。這一階段是大部分成功人士都經歷過的。

（2）**見龍在田**

這時是稍有實力的時候，活動一較大的空間之中，廣交賢士，伺機而動。

(3)飛龍在天

此時功成名就，然稍不注意則會功虧一簣。

(4)亢龍有悔

這是從飛龍態勢轉變而來的，因為太過陽剛而遭致眾叛親離，盛極而衰，這是許多人演就的悲劇，如歷朝驕奢淫逸的亡國之君，驕傲輕敵而失敗的將軍都是這種態勢的實例。

物極必反，凡事皆有度，因此，大智若愚是不可不學的智謀。歷史上有許多才高八斗之士不得重用或被殺就是不懂得掩飾智慧。而大智若愚也能讓人進身入仕，還能讓人脫離險境。《左傳》中有這樣一個故事。

僖公二十八年冬，晉侯與各路諸侯在溫地聚會，衛侯與人爭訟失敗被囚於京師問罪，寧武子是衛侯的助手，他極力掩飾才華，裝出愚魯之相，暗地裡卻賄賂晉侯的下屬，救下了衛侯和自己的性命。在春秋戰國時，勾踐靠大智若愚求得了夫差的寬恕得以回國重整旗鼓，孫臏也是靠大智若愚、裝瘋賣傻保住了性命，最終將對手龐涓射殺於馬陵道。

表現出愚笨其實也是一種謙遜的品質，別人可能會嘲笑你，那麼你可以更加努力學習，讓內心更加睿智，不到處張揚才華是要讓自己永不自滿，同時也是防止別人妒忌、詆毀、攻擊和陷害。

在現代工商業社會中，處處是商機，處處也是陷阱。你在商戰中時常表現出過人的精明，別人敢與你合作嗎？別人會因怕遭你的算計而寧願放棄，即使你是真誠的。同樣，在公司內部，你太過精明，下屬都會怕你，怕自己說錯話，做錯事而唯唯諾諾，不敢創新。如果你是部門主管或普通員工，你的上司會因你過於精明而不敢重用你。還是表現得愚魯些，掩去些鋒芒吧。

其實，許多現象也說明了這個道理，水至清則無魚，人至察則無友，物至剛則易折。這是古人總結出的一個大規則，著重說明物盛則衰、物極必反的道理，人太聰明（外在表像）總是容易遭致失敗，就應用大智若愚來彌補。

大智若愚是一種計謀，也是一種心境。

4、海納百川

世間之事，總有許多事讓人難以忘卻，耿耿於懷，如被欺騙、被傷害、被逼離鄉背井……多年以後，羽翼漸豐便復仇而來，恩恩怨怨，難以化解，而這些恩仇錄載於各民族的歷史，存在於各個時空，甚至有的恩仇還引起了戰爭，殃及無辜。此種紛爭，不論誰勝誰負都是耗精費時的，直到成為世代恩仇，於是便有了斬草除根的毒手；而野火燒不盡，春風吹又生，世世代代長此以往，耗盡心力、財力、物力，難獲利益，也難得清靜……究其因，就是不能忍，不能讓。

有的人則善於忍讓，以其寬大的胸懷包納仇怨，結果是名利雙收。

隋末，李淵作為隋朝官員鎮守太原，一方面要抗擊北方突厥，另一方面要追剿強賊。李淵善於用兵，其子及部下又驍勇善戰，許多盜寇紛紛歸降或逃竄，略有功勞。北方突厥鐵騎異常剽悍，因貪戀中原的物產和美女時常前來擄掠。

西元六一八年，數萬突厥騎兵圍攻太原，就在李淵分身乏術之時，強賊劉武周又乘勢搶佔了李淵防守的隋煬帝離宮——汾陽宮，將其間的美女珠寶獻給突厥可汗王，突厥可汗大喜，遂封劉武周為定楊可汗，並支持各路強賊興兵作亂，致使李淵部眾腹背受敵，節節失利，大有被隋煬帝降罪的可能。如此兩難境地，部下皆勸李淵與突厥決一死戰，此時的李淵沒有去為個人得失爭一時之長短，而是想圖中原，取代隋煬帝，要這樣就必須西進入關，爭取更大的地域以獲兵源糧秣。但太原又是兵家必爭之地，絕不能放棄，可惜又無重兵據守，如何是好呢？

俯首稱臣。李淵便向突厥可汗敬獻美女珠寶，並約定奪下中原，珠寶美女盡歸突厥可汗，自己僅得土地，得了珠寶美女的可汗答應了，並且沒有攻擊率領少數人馬駐守太原的李元吉，使得李元吉能夠治理好太原，有充足的後源糧秣輸送到中原前線。突厥可汗還將大量騎兵、糧草供給他的「屬下」李淵，使得李淵很快奪下了許多地盤，強盛之後的李淵並未報昔日戰敗之仇，而仍與突厥交好，只不過換了一下地位而已，正如此，才確保了北方的安寧。

如果李淵在戰敗時與突厥死戰肯定敗北，又哪來盛唐基業呢？如果李淵強盛之後急於復仇，那北方肯定是連年廝殺，國力自然衰敗，也無兵力平定南方，大唐疆土可能少去許多，至少要晚許多年才一統天下。能屈能伸大丈夫，李淵的忍讓換來了大唐基業，而他能忍讓是他有海納百川之胸襟，有併吞八方之雄心。正如此，他才沒有與突厥、與劉武周爭一時的名利。

然而在現實生活中，有人因為蠅頭小利與人爭得面紅耳赤，稍有機會便伺機報復；有些人因為受了氣便在人後蜚短流長……嫉妒、恃強淩弱、陷阱紛紛登場，使得

氣度決定寬度

人與人之間愈加疏遠，怨恨迭出，於其中又能收穫幾許呢？很多情況是兩敗俱傷，大凡世間之爭鬥均因胸襟狹隘所致，與其陷入紛爭不休，不如忍讓修好，或退避三舍求取成功。許多功成名就之人總是能捐棄前嫌，握手言和，共赴前程。

古人云：和氣生財。在經濟大潮推動下的社會莫不是在其動力下向前奮進的，如果將寶貴的時間與精力耗於無謂的爭鬥之中，那麼你擁有的可能是仇恨、怨恨和貧窮，那麼你的人生也將是失敗的。

多個朋友多條路；多個勇將多份勝利的機會。寬容與忍讓不僅讓人省去許多徒勞還會給人帶來成功和榮耀。

當然，忍讓肯定不是獲取成功的唯一條件，但肯定是成功者應有的品德，要成就事業非一人之力能為，如果與同級爭官階利祿，與下屬爭功搶利，那麼你將被眾人拋棄，終難有所成。反之，則能得到很多的幫助，人多勢眾，可將你推向成功。

商戰中的同行更是拉不開打不散的冤家對頭，世界各地商家競相廝殺，不借血本對壘，結果獲利最大是消費者和沒有被捲入的商家。在二十世紀初就有精明的商家相互聯手，共同發展形成了國際化的大集團，相互取長補短，成為左右商戰局勢的「航空母艦」，如摩根財團、台塑集團以及眾多連鎖超市。

奮鬥中的人更應如此，凡事寬以待人，嚴於律己，在工作中做到勞、苦、忍、辱，以此獲得更多的夥伴，更多的商機。少些傾軋，多些合作，讓忍讓為你開路才是善善之舉。海納百川，有容乃大。你所得到的回報將是豐碩而誘人的，那時，也別忘了讓利於有功之士，於是，你的船噸位就會越來越大……

5、中庸之道新釋

宋朝著名的理學家朱熹，為《四書‧中庸》加注，「中者，不偏不倚，無過不及之名。庸，平常也。」

孔子由「佑座之器」大生感嘆，也從中悟出了「中庸之道」。他說：「君子中庸，小人反中庸。君子之中庸也，君子而時中。小人之中庸也，小人而無忌憚也。」

對於世間之事，君子沒有規定該怎樣做與不該怎樣做，只要是合理恰當的，就可以做。因此，中庸之道是處世哲學之精髓。

於是，孔子有「不義而富且貴，於我如浮雲」之言，又有「富而可求也，雖執鞭之上，吾亦為之，如不可求，從吾所好」之語。以樂則為準繩，不為利誘，不為物惑，持士之高潔人品立世。

「允執厥中」亦如「執兩用中」。世事如同一根兩端粗細不同的木棍，要撐起這根木棍就必須找到一個支點，若以其木棍中點當作支點，因其兩端粗細不一，一定然無法支起木棍，只有在看似不公允的將其支點偏向粗的一端，使支點兩端的木棍平衡，方能撐起木棍來。

因此，中庸之道不是不偏不倚地和稀泥，而是本著解決問題的原則，在儘量避免紛爭、矛盾與無謂消耗的前提條件之下，技巧地找到一條解決問題的最佳方法，最佳途徑。

中庸之道就是不禁欲也不縱欲，而主張「六欲皆得其宜」。《韓非子‧說林下》中記載：「伯樂教其所憎者相千里之馬；教其所愛者相駑馬。千里馬時一，其利緩，駑馬日售，其利急。」

伯樂是一名高明的相馬者，常有一些販馬的人向他求教相馬之術。伯樂倒也來者不拒，只是在教授經驗之時，對那些品行不好、令人生厭之人只教其相千里馬，原因就在於千里馬難得，包許好多年也碰不上一匹，輾轉跋涉，辛苦自不必言，且路資不菲，因此很難賺到錢。即使偶爾得到一匹千里馬，因其物以稀為愛，常有被皇親國戚霸佔之虞，連本帶利一同賠了進去。

反之，伯樂教授那些品行好，自己喜愛的人相百里馬、二百里馬、五百里馬甚或駑馬，因其遍地皆是，故無勞苦奔波之苦，亦無被人覬覦之憂，從從容容，平平常常地每日低價進高價出，於人於己皆無損，賺錢亦是不顯山不露水，何樂而不為？道之中庸，中者即不偏激，不走極端，不過分亦不要不及；不貪生求榮，亦不枉死愚忠；不好高騖遠充老大，也不自暴自棄人窮志短；不低三下四天下人負我，也不專橫跋扈，為富不仁，我負天下人……

凡人的理想是超凡入聖，先聖哲人的理想卻是超聖入凡。

於是洪應明在《菜根譚》中言：「軀殼的我要看得破，則萬有皆空而其心常虛，虛則義理來居；性命的我要認得真，則萬理皆備而其心常實，實則物欲不入。」

於是張良幫助劉邦打下天下後，功成身退，回歸於平凡，安度晚年；於是范蠡幫助越王勾踐複國後，不辭而別，隱逸於市，帶著西施隱姓埋名，以平淡為樂，安享天倫；於是不肯為五斗米折腰的陶淵明，放棄光宗耀祖的為官一途，解甲歸田，「採菊東籬下，悠然見南山」地逍遙自在，無拘無束，平平常常，輕輕鬆鬆；於是英國前首相柴契爾夫人，下班後入廚體味凡人之妻之樂，過著俗世凡間平常人的生活；於是做了八年美國總統的華盛頓堅辭終身總統之榮耀，平靜地回到自己的維爾農山莊園，安詳地過著與兒子一起打籬笆樁的普通農人的生活，與世無爭；於是，水在沙漠中可以賣錢；純氧在醫院中可以救人命。

中庸之道，就是平平常常，不以物喜，不以己悲；不爭一時之長短，不辯一事之對錯。中庸之道，是一種基本的思維方式，「中則正」——中庸之道不僅是人之生存之道，亦是人之治國之本。

於是，中庸之道不是退避妥協的逃逸之道；不是萬事取其中、和稀泥的折中之道；不是不擇手段、犧牲弱小者利益的霸權之道。

仲介公司為各類商人牽線搭橋，既不損甲方，也不損乙方，相反的還幫兩方說好話，其目的是促成雙方的合作。如旅遊公司，幫客戶擬定最佳旅遊路線，又將風景名勝推向市場；人力公司，幫應徵者推薦單位，幫單位舉薦賢才。這類公司還有經紀人，資訊服務中心、衛星中轉站等。如果這些行業有人坑蒙拐騙，那它已不是中庸之道，而是已傾向一方，不公正，其生存的時空將為之萎縮。這類公司之所以不能繼續生存發展，是因其違背了中庸的「道」，既未在其必經之路行進，就難免翻車，不循其規律，必然失敗！

在經營其他行業中是否有中庸之道可循呢？有！當你選定某一投資專案時，不可一味想其優勢，還應考慮其壞的有損的一面，不急不緩、不喜不悲地思考和行動，這樣才會將風險降至最低。

在制定公司或個人目標時，既不張揚，也不貶抑，應合乎實際，而合乎實際也是一種中庸之道。在整個公司的運作之中，對客戶應講求公道，對下屬應賞罰分明，平等待人，凡事取其中，對實現公司的長遠計畫將大有裨益。

交結朋友，應認同別人的優點和觀點，也要接納別人的缺點和歧義。在整個交際活動中，不要嫌貧愛富，攀高拋低。如此，方能擁有四海知己，獲得更多的支持與幫助。

「忍」是中華傳統文化的精華。孔子曰：「小不忍則亂大謀」；道家把「忍」看成是全身遠禍的法寶；清代曾國藩則認為：「面對命運，忍似乎是走向成功的唯一法門。」

我們也認為，「忍」是心上一把刀，遇事不忍必煩惱；若能忍得心頭氣，海闊天空看明朝。能忍方能消災避禍，能忍方能心平氣和，能忍方能立於不敗之地，能忍方能轉危為安，能忍方能逢凶化吉。正如英國大文豪毛姆所說：「富者能忍保家，朋友能忍情長；夫婦能忍和睦。」總而言之：忍者無敵。

不容置疑，在當今這樣一個充滿活力、蓬勃發展的時代，人們言必稱競爭，行務求效益，大有一種強烈的緊迫感、危機感，人心思變，人心思動。更有的想借此良機，做大事，賺大錢，成大業，實現自己的人生價值，尋找自己的社會定位。

然而，並不是人人都能獲得成功，通往成功的路上充滿荊棘。要想獲得成功，就要經受人生的各種磨難和時代的考驗，必須具備承受挫折、失敗和痛苦的心理素質。

「忍」也是你支撐競爭精神的支柱。若你時時想起它，你就能勝不驕、敗不餒；能進能退、能伸能屈。

人的一生是不斷奮鬥的歷程。在這奮鬥的過程中，必然有勝負，有得失，但只要具備「忍」的胸懷，不管有多大的壓力，也會風平浪靜、化危為安。

忍者無敵，讓忍成為我們每個人的大智慧，會使你的人生更精彩、更理智、更燦爛、更受他人的尊重。

第2章 讓願景煥發出內心的力量

成功的人生始於目標，當一個人選擇了對自己人生具有突破性的目標以後，這個人的內在潛能才能充分地發揮起來。

成功的道路是由目標鋪成的

大多數的人認為，花時間去思考創造生活，是一種愚蠢的事情。我們的生活方式，不是動的就是靜的，不是積極的就是消極的，加以計畫，是沒有益處的。這種想法，就是不對的。我們堅定地相信：健全的計畫，可以為豐富而又富於動力的生活播下種子。人類在使自己超越一般動物狀態的當中，曾經運用計畫去達到我們所珍惜的目標，其中多半並非一時的成就。

當我們研究那些已獲得巨大成功的人物時，我們會發現，他們每一個人都各有一套明確的目標，都已訂出達到目標的計畫，並且花費最大的心思和付出最大的努力來實現他們的目標。

安德魯・卡內基原來是一家鋼鐵廠的工人，但他憑著製造及銷售比其他同行更高品質鋼鐵的明確目標，而成為全國最富有的人之一，並且有能力在全美國小城鎮中捐錢蓋圖書館。

他的明確目標已不是一個願望而已，它已形成了一股強烈的欲望，只有發掘出你的強烈欲望才能使你獲得成功。

認識願望和強烈欲望之間的差異是極為重要的。我們每個人都希望得到更好的東西如金錢、名譽、尊重──但是大多數的人僅把這些希望當做一種願望而已。如果你知道你希望得到的是什麼，如果你對達到自己目標的堅定性已到了執著的程度，那就已經是在發展我們的明確目標了。

從明確目標中會發展出自力更生、個人進取心、想像力、熱忱、自律和全力以赴，這些全都是成功的必備條件。我們要學到這些特質的優點以及如何培養和發揮這些優點，並將它們納入成功的計畫中。

從貧窮到富有，第一步是最困難的。其中的關鍵，在於你必須了解，所有財富和物質的獲得，都必須先建立清晰且明確的目標；當目標的追求變成一種執著時，你就會發現，你所有的行動都會帶領你朝著這個目標邁進。

卡內基就是一個很好的例子，當他決定要製造鋼鐵時，腦海中便不時閃現此一欲望，變成他生命的動力。接著他尋求一位朋友的合作，由於這位朋友深受卡內基執著力量的感動，便也貢獻出自己的力量；這兩個人的共同熱忱，最後再說服另外兩個人加入行列。

這四個人最後形成卡內基公司的核心人物，他們組成了一個智囊團，他們四個人籌足了為達到目標所需要的資金，而最後他們每個人也都成為巨富。

但這四個人的成功關鍵不只是「辛勤工作」而已，你可能也發現，有些人和你一樣辛勤工作——甚至比你更努力但卻沒有成功。教育也不是關鍵性的因素，華爾頓從來沒有拿過羅德獎學金，但是他賺的錢，比所有念過哈佛大學的人都多。明確目標鼓勵你行動專業化，而專業化可使你的行動達到完美的程度。

你對於特定領域的領悟能力，以及在此一領域中的執行能力，深深影響你一生的成就。普及教育之所以重要，就在於它可使我們發現自己的基本需要和欲望，然而一旦你確定自己的需要和欲望之後，便應立即學習相關的專業知識；而明確目標好像一塊磁鐵，它能把達到成功所必備的專業知識吸到你這裡來。這就是目標的「聚焦」力量。

有人問羅斯福總統夫人：「尊敬的夫人，你能給那些渴求成功特別是那些年輕、剛剛走出校門的人一些建議嗎？」總統夫人謙虛地搖搖頭，但她又接著說：「不過，先生，你的提問倒令我想起我年輕時的一件事：那時，我在班寧頓學院念書，想邊學習邊找一份工作做，最好能在電信業找份工作，這樣我還可以修幾個學分。我父親便幫我聯絡，約好了去見他的一位朋友，當時任美國無線電公司董事長的薩爾洛夫將軍。等我單獨見到了薩爾洛夫將軍時，他便直截了當地問我想找什麼樣的工作，具體哪一個工種？我想：他手下的公司任何工種都讓我喜歡，無所謂選不選了。便對他說，隨便哪份工作都行！」

「只見將軍停下手中忙碌的工作，眼光注視著我，嚴肅地說，年輕人，世上沒有一類工作叫隨便，成功的道路是目標鋪成的！」

拿破崙·希爾指出：「除非你有確實、固定、清楚的目標，否則你就不會察覺到內在最大的潛能，你永遠只是『徘徊的普通人』中的一個，儘管你可以是個『有意義的特殊人物』。」

一個沒有目標的人就像一艘沒有舵的船，永遠漂流不定，只會到達失望、失敗和沮喪的海灘。前美國財務顧問協會的總裁路易斯·沃克曾接受一位記者訪問有關穩健投資計畫的基礎。

他們聊了一會兒後，記者問道：「到底是什麼因素使人無法成功？」

沃克回答：「模糊不清的目標。」

記者請沃克進一步解釋。他說：「我在幾分鐘前就問你，你的目標是什麼？你說希望有一天可以擁有一棟山上的小屋，這就是一個模糊不清的目標。問題就在『有一天』不夠明確，因為不夠明確，成功的機會也就不大。」

「如果你真的希望在山上買一間小屋，你必須先找出那座山，找出你想要的小屋現值，然後考慮通貨膨脹，算出五年後這棟房子值多少錢，接著你必須決定，為了達到這個目標每個月要存多少錢。如果你真的這麼做，你可能在不久的將來就會擁有一棟山上的小屋，但如果你只是說說，夢想就可能不會實現。夢想是愉快的，但沒有配合實際行動計畫的模糊夢想，則只是妄想而已。」

一位美國的心理學家發現，在為老年人開辦的療養院裡，有一種現象非常有趣：每當節假日或一些特殊的日子，像結婚周年紀念日、生日等來臨的時候，死亡率會戲劇性地降低。他們中有許多人為自己立下一個目標：要再多過一個耶誕節、一個紀念日、一個國慶日，等等。等這些日子一過，心中的目標、願望已經實現，繼續活下去

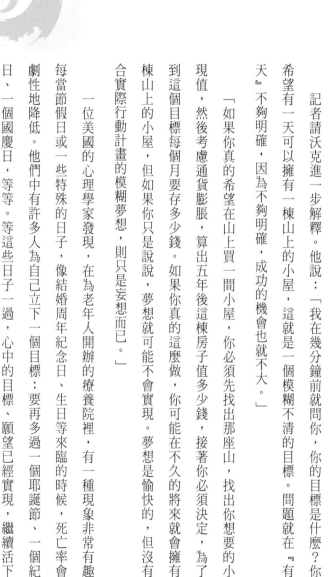

的意志就變得微弱了，死亡率便立刻升高。

生命是可貴的，並且只有在它還有一些有價值的事情要做、要實現時，才能得以延續下去。事實上，每個人都知道在生活中樹立目標的重要性，然而，或是受別人影響，或是出於對生活的漠然——大街上的大多數人都在跟著茫然無目的的人流，緩緩走過人生。

一九五三年，耶魯大學對畢業生進行了一次有關人生目標的調查。當被問及是否有清楚明確的目標以及達到目標的書面計畫時，結果只有三％的學生作了肯定的回答。二十年後，有關人員又對這些畢業多年的學生進行跟蹤調查，結果發現，那些有達到目標書面計畫的三％的學生，在財務狀況上，遠高於其他九十七％的學生。

一個人做什麼事情都要有一個明確的目標，有了明確的目標便會有奮鬥的方向。這樣一個常識性的問題看起來簡單，其實具體到某一個人身上，並非就是那麼回事。

目標，也就是既定的目的地，你理念中的終極點。目標並不是方向，一心想發大財的人只有方向，沒有目標，在他賺夠了金錢之後，就不知所措了。進行任何事業，都必須設定適當的目標。沒有目標，你只能糊裡糊塗往前走，就像沒有目標的戰爭，只能以清點屍首作為戰爭結束的標誌。

聰明的人，有理想、有追求、有上進心的人，一定都有一個明確的奮鬥目標，他懂得自己活著是為了什麼。因而他的所有的努力，從整體上來說都能圍繞一個比較長遠的目標進行，他知道自己怎樣做是正確的、有用的，否則就是做了無用功，或者浪費了時間和生命。顯然，成功者總是那些有目標的人，鮮花和榮譽從來不會降臨到那些沒有目標的人身上。

許多人懷著羨慕、嫉妒的心情看待那些取得成功的人，總認為他們取得成功的原因是有外力相助，於是感嘆自己的運氣不好。孰不知成功者取得成功的原因之一，就是由於確立了明確的目標。

一個人有了明確的奮鬥目標，也就產生了前進的動力。因而目標不僅是奮鬥的方向，更是一種對自己的鞭策。有了目標，就有了熱情，有了積極性，有了使命感和成就感。

有明確目標的人，會感到自己心裡很踏實，生活得很充實，注意力也會神奇地集中起來，不再被許多繁雜的事所干擾，做什麼事都顯得胸有成竹。

那麼，該怎麼制定合適的目標呢？拿破崙•希爾指出：一個好的目標必須具備下列幾項要求，缺一不可：

（1）目標應該是明確的

有些人也有自己奮鬥的目標，但是他的目標是模糊的、泛泛的、不具體的，因而也是難以把握的，這樣的目標同沒有差不多。比如，一個人在青少年時期確定了要做一個科學家的目標，這樣的目標就不是很明確。因為科學的門類很多，究竟要做哪一個學科的科學家，確定目標的人並不是很清楚，因而也就難以把握。

目標不明確，行動起來也就有很大的盲目性，就有可能浪費時間和耽誤前程。生活中有不少人，有些甚至是相當出色的人，就是由於確立的目標不明確、不具體而一事無成。

（2）目標應該是實際的

一個人確立奮鬥的目標，一定要根據自己的實際情況來確定，要能夠發揮自己的長處。如果目標不切實際，與自己的自身條件相去甚遠，那就不可能達到。為一個不可能達到的目標而花費精力，同浪費生命沒有什麼兩樣。

（3）目標應該是專一的

一個人確定的目標要專一，而不能經常變幻不定。確立目標之前需要做深入細緻的思考，要權衡各種利弊，考慮各種內外因素，從眾多可供選擇的目標中確立一個。一個人在某一個時期或一生中一般只能確立一個主要目標，目標過多會使人無所適從，應接不暇，忙於應付。

生活中有一些人之所以沒有什麼成就，原因之一就是經常確立目標，經常變換目標，所謂「常立志」者就是這樣一種人。

（4）目標應該是特定的

確定目標不能太寬泛，而應該確定在一個具體的點上。如同用放大鏡聚集陽光使一張紙燃燒，要把焦距對準紙片才能點燃。如果不停地移動放大鏡，或者對不准焦距，都不能使紙片燃燒。這也同建造一座大樓一樣，設計圖不能只是個大概樣子，或者含糊不清，而必須在面積、結構、樣式等方面都是特定和具體的。目標應該用具體的細節反映出來，否則就顯得過於籠統而無法付諸實施。

（5）目標應該是長期的

一個人要取得巨大的成功，就要確立長期的目標，要有長期作戰的思想和心理準備。任何事物的發展都不是一帆風順的，世界上沒有一蹴而就的事情。

有了長期的目標，就不怕暫時的挫折，也不會因為前進中有困難就畏縮不前。許多事情，不是一朝一夕就能做到的，需要持之以恆的精神，必須付出時間和代價，甚至一生的努力。

(6) 目標應該是遠大的

目標有大小之分，這裡講的主要是有重大價值的目標。只有遠大的目標，才會有崇高的意義，才能激起一個人心中的渴望。

把想得到的東西作為目標

萊莉喜歡她的馬——愛麗絲，但現在，她生氣、傷心、失望、沮喪、疲憊、喪氣、心碎。她一連花了幾個星期來清洗、裝扮和訓練這匹馬；就為了這次大型展示活動。

這天，她淩晨三點就爬了起來，給愛麗絲梳洗裝扮，細緻入微，從頭到腳給牠打理了一番，一絲一毫都沒放過。愛麗絲的鬃毛被編成了漂亮的辮子；牠的尾巴修飾得像一件藝術品；牠的皮毛像擦亮的金屬一樣閃閃發亮；牠的馬蹄在陽光照耀下閃閃發光；還有馬籠頭、轡繩、馬鞍，都被擦洗得乾乾淨淨。萊莉的裝扮也毫無瑕疵，她像個嬌小可愛的洋娃娃一樣走進了大會的賽場。到底發生了什麼事？愛麗絲在該跳的時候卻不跳。事實上，牠甚至連跳都不跳一下。萊莉的馬由於命令下了三次都沒有跳，便被取消了資格。這對萊莉來說，就意味著幾百個小時的辛苦工作都付之流水，贏得綬帶的夢想也化成了泡影。

當我們受到挫折時，我們也可能會縛起兩手，失去我們所擁有的東西；或者我們挽起袖子，從頭開始，找回我們想要的東西。萊莉這位十六歲的小姑娘，決心挽起她的袖子，重新去贏得她想要的東西——一匹可以奪冠軍的馬。她給愛麗絲標了一個價碼，並在報紙上登廣告出讓。她堅持她出的價碼不降，經過一番交易，她終於如願以償。她把這筆錢存入銀行，開始尋找另一匹理想的馬。她拜訪當地的馬房，參觀當地的展覽，閱讀每一份能得到的有關馬匹的資訊的印刷品，最後她終於得到一匹漂亮但有點年輕的馬——巴特拉姆，牠是一匹出生後就被閹割了的兩歲小馬。萊莉和巴特拉姆第一次相見，便互相喜歡上了對方——

但還有個小問題，買巴特拉姆所需要的錢，要遠遠超過萊莉轉讓愛麗絲所得的錢。但萊莉堅決不要爸爸和媽媽的經濟幫助。

這種情形只是會放慢萊莉前進的腳步，但絕不會阻止她繼續向前。因為萊莉是這樣一個女孩：她認為如果想要什麼東西就必須去做。她還相信實現目標的基本法則是：你能看多遠，你就能走多遠，當你到達了你目力所及的地方，你會發現你還能看得更遠。為了買下巴特拉姆，她用轉讓愛麗絲得來的錢作為頭期款，然後列出一個湊齊那筆錢的還款計畫。她找到了一份工作，用賺來的錢付清了餘款。她還找來行家幫助她訓練巴特拉姆，一切費用自己支付。萊莉和巴特拉姆經過長時間的辛苦訓練，他們終於開始贏得綬帶。萊莉房間的牆壁上掛滿了各種顏色的綬帶，她獲得了比她為巴特拉姆付出多四倍的東西。

如果我們非常想得到某件東西，我們就必須把它作為自己堅定的目標。在我們充滿信心地追求一個目標時，會有很多事情發生，只要我們相信自己不會失敗，這些事情就會成為促使我們成功的有利因素。

被人們譽為「鋼鐵大王」的安德魯卡內基在三十三歲時就使自己建立的鋼鐵公司躍升為美國最大的鋼鐵公司。那一年，他在自己的備忘錄中寫道：「人生必須有目標，而賺錢是最壞的目標。沒有一種偶像崇拜比崇拜財富更壞的了。」

近來常發現人們對事情的第一個反應是「多少錢？」你旅行回來，朋友問你：「花了多少錢？」你要上大學了，父母擔心：「投資那麼多，什麼時候才可以賺得回來？」讓孩子學鋼琴，同事會讚嘆：「很好啊！將來做私人老師教琴，真好賺錢呢！」似乎一切都變成了生意。好像我們每做一件事，目的都應該是為了賺錢。

你用「是否可以賺錢」來衡量事情，別人以「是否賺到了錢」來評價你。這樣，就俗化了事情原有的境界，使它由純潔地追求一個崇高的目標，降級為有利可圖就好。

理想的本身應該是件很有浪漫色彩的事，它追求的是一項高遠美麗的目標。它是一種力量和熱情，使你為它賠上時間與金錢在所不惜。而由於這理想本身的美麗動人，常會吸引來許多志同道合的同志與同好，大家會用這種浪漫的心情來為這理想奠基，為它耕耘與開拓。於是，在力量與熱情的支持下，它開花結果，漂亮極了。

不是說，工作可以永遠不靠金錢的維持，更不是說，人們可不靠金錢而生存。金錢原該是工作的回報，而且應該是工作越好，金錢的回報越多。問題只是，當我們把注意力由工作轉向金錢之後，分散了對工作的專注，偏離了工作原來的意義，摻入了功利的雜質，為求迅速達到賺錢的目的而急切完成，為求較普及的市場而迎合俗眾，誤以初步的成功所賺來的金錢為終極的成功巔峰，不再追求精進，只在淺薄的水準上重複一項初步的完成。我們看到，太多有天分的鋼琴學生為了教琴賺錢，而終於未能成為一位更好的鋼琴家；我們看到太多的藝人，在剛起步時的成功之後，就停留在這一階段，在舞台上成名一陣子之後，迅即消失。急功近利的做事態度，使人直接地奔向金錢，而無心顧及理想，更無暇完成理想。

希望你能在直接的財富之外，有眼力見到間接財富；在狹義的財富之外，有胸襟見到廣義的財富。創事業的人，追求理想的人，要能避開金錢之欲的侵襲，才算是走上了成功的第一步。

幾年以前的一個炎熱的夏天，一群人正在鐵路的路基上工作，這時，一列緩緩開來的火車打斷了他們的工作。火車停了下來，最後一節特製車廂的窗戶被人打開了，一個低沉的、友好的聲音響了起來：「大衛，是你嗎？」大衛・安德森——這群人的負責人回答說：「是我，吉姆，見到你真高興。」於是，大衛・安德森和吉姆・墨菲——鐵路的總裁，進行了愉快的交談。在長達一個多小時的愉快交談之後，兩人熱情地握手道別。

大衛．安德森的下屬立刻包圍了他，他們對於他是墨菲鐵路總裁的朋友這一點感到非常震驚。大衛解釋說，二十多年以前他和吉姆．墨菲是在同一天開始為這條鐵路工作的。

其中一個人半認真半開玩笑地問大衛，為什麼他現在仍在驕陽下工作，而吉姆．墨菲卻成了總裁。大衛非常惆悵地說：「二十三年前我為一小時一．七五美元的薪水而工作，而吉姆．墨菲卻是為這條鐵路而工作。」

如果我們是一個學生，只為分數而學習，那麼我們也許能夠得到好分數。但是，如果我們為知識而學，那麼我們就能夠得到更好的分數和更多的知識；如果我們為賺錢而努力，那麼我們可能會賺到很多錢。但是，如果我們想通過做生意來做一番事業，那麼我們就有可能不僅賺很多錢，而且會做一番大事；如果我們只為薪水而工作，我們有可能只能得到一筆很少的收人。但是，如果我們是為了我們所在公司的前途而工作，那麼我們不僅能夠得到可觀的收入，而且我們還能得到自我滿足和同事的尊重。

我們對公司做的貢獻越大，我們個人所得到的回報就會越多。

面對困難，堅持奮鬥就有成功的希望

《聖經》上說：「你們求，必要給你們；你們找，必要找著；你們敲，必要給你們開。因為凡是求的，就必得到；找的，就必找到；敲的，就給他開。」這可以理解為：面對困難不退卻、不逃跑，堅持奮鬥就有成功的希望。

要論遭受挫折和失敗，有誰能和亞伯拉罕・林肯相比？我們不妨看看林肯的一生。

二十二歲，生意失敗；二十三歲，競選州議員失敗；

二十四歲，生意再次失敗；二十五歲，當選州議員；

二十九歲，競選州議長失敗；三十四歲，競選國會議員失敗；

三十七歲，當選國會議員；三十九歲，國會議員連任失敗；

四十六歲，競選參議員失敗；四十七歲，競選副總統失敗；

四十九歲，競選參議員再次失敗；五十一歲，當選美國總統。

林肯的故事一定會對你有所啟發。一八三二年，林肯失業了，這顯然使他很傷心，但他下決心要當政治家，當州議員，糟糕的是他競選失敗了。在一年裡遭受兩次打擊，這對他來說無疑是痛苦的。他著手自己開辦企業，可一年不到，這家企業又倒閉了。在以後的十七年間，他不得不為償還企業倒閉時所欠的債務而到處奔波，歷盡磨難。他再一次決定參加競選州議員，這次他成功了。他內心萌發了一絲希望，認為自己的生活有了轉機：「可能我可以成功了！」

第二年，即一八三五年，他訂婚了，但離結婚還差幾個月的時候，未婚妻不幸去世。這對他精神上的打擊實在太大了，他心力交瘁，數月臥床不起。在一八三六年他還得過神經衰弱症。一八三八年他覺得身體狀況良好，於是決定競選州議會議長，可他失敗了。

一八四六年，他又參加競選美國國會議員，但這次仍然沒有成功。他雖然一次次地嘗試，但卻是一次次地遭受失敗：企業倒閉、情人去世、競選敗北。要是你碰到這一切，你會不會放棄——放棄這些對你來說是重要的事情?他沒有放棄，他也沒有說：「要是失敗會怎樣？」

一八四九年，他又一次參加競選國會議員，最後終於當選了。兩年任期很快過去了，他決定要爭取連任。他認為自己作為國會議員表現是出色的，相信選民會繼續選舉他。但結果很遺憾，他落選了。因為這次競選他賠了一大筆錢，他申請當本州的土地官員。但州政府把他的申請退了回來，上面指出：「做本州的土地官員要求有卓越的才能和超常的智力，你的申請未能滿足這些要求」。

接連又是兩次失敗。在這種情況下你會堅持繼續努力嗎？你會不會說「我失敗了」？

然而，他沒有服輸。一八五四年，他競選參議員，但失敗了；兩年後他競選美國副總統提名，結果被對手擊敗；又過了兩年，他再一次競選參議員，還是失敗了。

在林肯大半生的奮鬥和進取中，有九次失敗，只有三次成功，而第三次成功就是當選為美國的第十六屆總統。那屢次的失敗並沒有動搖他堅定的信念，而是起到了激勵和鞭策的作用。

每個人都難免要遇到挫折和失敗，林肯面對失敗沒有退卻、沒有逃跑，他堅持著、奮鬥著。他始終有充分的信心向命運挑戰，他壓根兒就沒想過要放棄努力，他不願放棄，所以他成功了。

在向成功之巔攀登的途中，你必須記住：梯子上的每一級橫階放在那兒是讓你擱腳的，是讓你走向更高處的，而不是用來讓你休息的。

扭轉逆境中的人生

或許你曾試過一些方法，再找一份工作、再結識一位伴侶、再使家人恢復健康，讓快樂的時光重現，可是卻都未見成效。有些人或許會重新振作，力圖扭轉困境，但當一再失敗時，往往就失去了再嘗試的勇氣；為什麼會這樣呢？

只因為我們每個人都想避開痛苦，沒有人願受再三經歷失敗的打擊。當一個人付出全力去做，結果得到的竟是失敗的時候，請問他還有勁去嘗試嗎？也就是經常受到失敗的打擊，我們不僅不願再去嘗試，甚至根本不相信還有任何可為之處。

若我們發現自己有了不想再嘗試的念頭，那麼就得當心這種心態，我們已經患了「無力感」的心理病了。

幸好，這種病並不是絕症，只要你現在就改變自己的認知和做法，那麼所有的不如意就會一掃而空。

發明家愛迪生說：「我才不會沮喪，因為每一次錯誤的嘗試都會把我往前更推進一步。」

扭轉人生的第一步，就在於拋卻一切負面、消極的想法，別一味相信自己什麼都不行、是無可救藥的了。何以你會這個樣子？只因為曾經試過好多次不見成效，就意味著自己束手無策了嗎？

因此，你要記住這樣一句話，它在我們的人生中經常運用：過去不等於未來。過去你曾怎麼想、怎麼做都不重要，重要的是今後你要怎麼想、怎麼做。在駛往未來的道路上，許多人是看著後視鏡的引導，如果你就是其中之一，那麼就不免會出意外。相反的，你應放眼於現在，著眼於未來，看看有什麼能使你變得更好的方法。扭轉人生的另一重要步驟，就是需要你堅持到底，為改變困境努力不懈。

許多人曾說過這樣的話：「為了成功，我嘗試了不下上千次，可就是不見成效。」你相信這句話是真的嗎？別說他們沒有試上一百次，甚至於有沒有十次次都頗令人懷疑。或許有些人曾試過八次、九次乃至於十次，但因為不見成效，結果就放棄了再嘗試的念頭。

成功的秘訣，就在於確認出什麼是對你來說最重要的，然後拿出果敢的行動，不達目的誓不甘休。

你是否聽過桑德斯上校的故事？他是「肯德基炸雞」連鎖店的創辦人，你又知道他是如何建立起這麼成功的事業嗎？是因為生在富家子弟、念過哈佛這樣著名的高等學府，抑或是在很年輕時便投身於這門事業上？

而事實上桑德斯上校於年齡高達六十五歲時才開始從事這個事業。那麼又是什麼原因使他終於拿出行動來呢？因為他身無分文且孑然一身，當他拿到生平第一張救濟金支票時，金額只有一〇五美元，內心實在是極度沮喪。他不怪這個社會，也未寫信去罵國會，僅是心平氣和地自問：「到底我對人們能做出何種貢獻呢？我有什麼可以回饋的呢？」隨之，他便思量起自己的所有，試圖找出可為之處。

頭一個浮上他心頭的答案是「很好，我擁有一份人人都曾喜歡的炸雞秘方，不知道餐館要不要？我這麼做是否划算？」隨即他又想到：「我真是笨得不可以，賣掉這份秘方所賺的錢還不夠我付房租呢！如果餐館生意因此提升的話，那又該如何呢？如果上門的顧客增加，且指名要點用炸雞，或許餐館會讓我從其中抽成也說不定。」

好點子固然人人都會有，但桑德斯上校就跟大多數人不一樣，他不但會想，且還知道怎樣付諸行動。隨之，他便挨家挨戶地敲門，把想法告訴每家餐館：「我有一份上好的炸雞秘方，如果你能採用，相信生意一定能夠提升，而我希望能從增加的營業額裡抽成。」」很多人都當面嘲笑他：「得了吧，老傢伙，若是有這麼好的秘方，你幹嗎還穿著這麼可笑的白色服裝？」這些話是否讓桑德斯上校打退堂鼓呢？絲毫沒有，因為他還擁有天字第一號的成功秘訣，我們稱其為「能力法則」，意思是指「不懈地拿出行動」：在你每當做什麼事時，必得從其中好好學習，找出下次能做好的更好方法。桑德斯上校確實奉行了這條法則，從不為前一家餐館的拒絕而懊惱，反倒用心修正說辭，以更有效的方法去說服下一家餐館。

桑德斯上校的點子最終被接受，你可知先前他被拒絕了多少次嗎？整整將近兩百次之後，他才聽到第一聲「同意」。在過去兩年時間裡，他駕著自己那輛又舊又破的老爺車，足跡遍及美國每一個角落。睏了就和衣服睡在後座，醒來逢人便訴說他那些點子。他為人示範所炸的雞肉，經常就是果腹的餐點，匆匆忙忙便解決了一頓。歷經一百九十九次的拒絕，整整兩年的時間，有多少人還能夠鍥而不捨地繼續下去呢？也無怪乎世上只有一位桑德斯上校。我們相信很難有幾個人能受得了二十次的拒絕，更別說一百次或一百九十九次的拒絕。然而這也就是成功的可貴之處。

如果你好好審視歷史上那些成大功、立大業的人物，就會發現他們都有一個共同的特點，不輕易為「拒絕」所打敗而退卻，不達成他們的理想、目標、心願，就絕不甘休。華特・迪士尼為了實現建立「地球上最歡樂之地」的美夢，曾向銀行融資，可是被拒絕了幾十次之多。今天，每年有上百萬遊客享受到前所未有的「迪士尼歡樂」，這全都出於一個人的決心。

專心一致地去嘗試，憑毅力與彈性去追求所企望的目標，最終必然會得到自己所要的，可千萬別在中途便放棄希望。這句話說來簡單，但相信你一定會從內心同意，就從今天起拿出必要的行動，哪怕那只是小小的一步。

認清不現實的目標

人生是個不斷探索的過程。失敗有時並不是由於能力、學識的不足，而是由於你錯誤地選擇了目標。而失敗正是給予了你一個重新思考、從錯誤中解脫的良機。

美國著名的不動產經紀人安德魯最初是葡萄酒推銷員，這是他的第一份工作。他不知道自己還能做什麼，於是他認為自己的目標就是「賣葡萄酒」。最初他為一個賣葡萄酒的朋友工作，接著為一名葡萄酒進口商工作，最後同另外兩個人合作辦起了自己的進口業務，這並非出自熱情，而是因為，正如他自己所說：「為什麼不？我過去一直在賣葡萄酒。」

生意越來越糟，可安德魯還是拚命抓住最後一根稻草，直到公司倒閉。他不改行，是因為他不知道還能做哪一行。

事業的失敗迫使他去上一門教人們如何開業的課，他的同學有銀行家、藝術家、汽車修理工，他逐漸認識到這些人並不認為他是個「賣葡萄酒的」，而認為他是個

「有才能的人」、「高手」，他們對他的看法使他拋棄了原來的目標。

他恍然大悟，仔細分析，探索其他行業，檢查自己到底想做什麼。最後，他選擇了和妻子一起開展不動產業務，使他取得了推銷葡萄酒永遠不能為他帶來的成功。許多職業專家認為，一個人一生中至少要經過兩三次變換，才能最後找到適合自己特長的事業，而確定自己合理的目標，則需要同樣長的一段時間。

十八世紀英國的大政治家伯基說過：「無法付諸實現的事物，是不值得我們去追求的。在這個世界上，若是經過了解以及正確的追求而仍然無法得到的東西，那麼這種東西對我們毫無益處可言。」

日復一日，年復一年，永遠要有目標——屬於你自己的目標，不是別人強加在你身上的目標——是你自己的目標。

目標必須是你自己的，否則的話，你的努力便對你沒有好處了。身為一個人，你必須澄清你的思想，除去不相干的事件並深入你的內心，看清你要達到的目標是什麼。

在我們擬定自己的目標時，不要讓慣常的思想奪走我們的決心。假如做一張桌子能使你感到滿足；那就是一個值得完成的目標——縱使除了你以外的人都覺得沒有什麼價值，那也沒有什麼關係。如果寫一本五百頁的書使你感到厭倦，那就是一個不值一試的目標了，為什麼？因為它不能使你滿足，儘管別人認為那很重要，你也不必去管它。

凡是目標，不論大小，都有意義——只要它能使你得到成就感。目標本身沒有大小，大小全看你的想法。

英國詩人白朗寧在《一個數學家的葬禮》中寫道：實事求是的人要找一件小事做，找到事情就去做；空腹高心的人要找一件大事做，沒有找到則身已故去。實事求是的人做了一件又一件，不久就做了一百件；空腹高心的人一下就要做百萬件，結果一件也未實現。白朗寧的這首詩生動地說明了制定的目標必須「恰當」、「現實」的重要性。

蜘蛛猿是一種很有趣的動物，牠是生長在中南美洲、很難捕捉的一種小型動物。多年來，人們想盡方法，用裝有鎮靜劑的槍去射擊，或用陷阱捕捉牠們都無濟於事，因為牠們的動作實在太快了。後來，有人想出了一個辦法，在一個窄瓶口的透明玻璃瓶內放進一顆花生，然後等待蜘蛛猿走向玻璃瓶，伸手去拿花生。一旦牠拿到花生時，你就可以逮到牠了。

因為當時蜘蛛猿手握拳頭緊抓著那顆花生，所以牠的手抽不出玻璃瓶，而那個瓶子對牠來說又太大了，使牠無法托著瓶子走。但牠十分頑固——或者是太笨了——始終不願意放下那顆已經到手的花生。就算你在牠身旁倒下一大堆花生或香蕉，牠也不願意放開手中那顆花生，所以這時狩獵者便可以輕而易舉地抓到牠。

生命中有些時候，為了追求更遠大的目標，你就必須先放下手中的那顆花生。這不是冒險；而是你願意改變一些習慣，使自己更有彈性，願意在嘗試新的方法之前，先放棄一些現有的利益。

羅賓的妻子請了一位調音師到家來給孩子的鋼琴調一調音，這位調音師還真是個能手，只見他很仔細地鎖緊了每一根琴弦，使它們都鎖得恰到好處，而能發出正確的音符。當他完成整個調音工作後，羅賓問他要付多少錢，他笑一笑地答道：「還不急，等我下次來的時候再付吧！」羅賓不解地問道：「下次？你這是什麼意思？」調音師說：「明天我還會再來，然後一連四個星期每週來一次，再接下來每三個月來一次，共來四次。」他的話弄得羅賓一頭霧水，不由得問道：「你說什麼？鋼琴不是已經調好音了嗎？難道還有問題？」調音師清了清喉嚨說道：「我是調好音了，可是那只是暫時的，如果琴弦要能保持在正確的音符上，就必須繼續『調正』，所以我得再來幾次，直到這些琴弦能始終維持在適當的繃緊程度。」

聽完他的話，羅賓不禁心裡嘆道：「原來還有這麼大的學問！」那天羅賓著實是上了重要的一課。

同樣的道理，如果我們希望目標能維持長久直至實現，那就得像鋼琴的調音工作一樣。一旦我們有了什麼樣的進展就得立即強化，這種強化的工作不能只做一次，而得持續做到目標完成為止。

即使你建立了確定的理想和真心實意要達到這個確定的目標，還有一個值得注意的問題，就是你的目標切實可行嗎？許多人都有一種對自己要求過高的習慣，他們總是想做到最好，有時顯然是不可能的。一些對自己要求過高的人總是拿別人最好的優點與自己一般的特點相比。他們拿自己與著名的模特兒相比來評價自己的身材相貌；他們拿自己與所知道的最富有的人相比來判斷自己的財富。這種比較都是不切實際的，因此也不可避免地貶低自己的自尊心。我們無論如何不應該讓自己具有這種毛病。那是我們的人生殺手。

專注於目標

一位美國作家講述了這樣一個故事。

我第一次遇見賈金斯，是在好多年前，當時有人正要將一塊木板釘在樹上當擱板，賈金斯便走過去管閒事，說要幫他一把。

他說：「你應該先把木板頭鋸掉再釘上去。」於是，他還沒有鋸到兩三下，就又撒手了，說要把鋸子磨快些。

於是他又去找銼刀。接著又發現必須先在銼刀上安一個順手的手柄。於是，他又去灌木叢中尋找小樹，可砍樹又得先磨快斧頭。磨快斧頭需將磨石固定好，這又免不了要製作支撐磨石的木條。製作木條少不了木匠用的長凳，可這沒有一套齊全的工具是不行的。於是，賈金斯到村裡去找他所需要的工具，然而這一走，就再也不見他回來了。

賈金斯無論學什麼都是半途而廢。他曾經廢寢忘食地攻讀法語，但要真正掌握法語，必須首先對古法語有透徹的了解，而沒有對拉丁語的全面掌握和理解，要想學好古法語是絕不可能的。

賈金斯進而發現，掌握拉丁語的唯一途徑是學習梵文，因此便一頭栽進梵文的學習之中，可這就更加曠日廢時了。

賈金斯從未獲得過什麼學位，他所受過的教育也始終沒有用武之地。但他的先輩為他留下了一些財產。他拿出十萬美元投資一家煤氣廠，可造煤氣所需的煤炭價錢昂貴，這使他大為虧本。於是，他以九萬美元的售價把煤氣廠轉讓出去，開辦起煤礦來。可這又不走運，因為採礦機械的耗損大得嚇人；因此，賈金斯把在礦裡擁有的股份變賣成八萬美元，轉入了煤礦機器製造業。從那以後，他便像一個內行的滑冰者，在有關的各種工業部門中滑進滑出，沒完沒了。

他戀愛過好幾次，雖然每一次都毫無結果。他對一位女孩一見鍾情，十分坦率地向她表露了心跡。為使自己匹配得上她，他開始在精神品德方面陶冶自己。他去一所星期日學校上了一個半月的課，但不久便自動逃遁了。兩年後，當他認為問心無愧、無妨開口求婚之日，那位姑娘早已嫁給了別人。

不久他又如癡如醉地愛上了這位迷人的、有五個妹妹的女孩。可是，當他拜訪了女孩家時，卻喜歡上了二妹。不久又迷上了更小的妹妹。到最後一個也沒談成功。

賈金斯的情形每況愈下，越來越窮。他賣掉了最後一項營生的最後一份股份後，便用這筆錢買了一份逐年支取的終生年金，可是這樣一來，支取的金額將會逐年減少，因此他要是活的時間長了，早晚得挨餓。

與賈金斯的朝三暮四性格完全相反，羅威（Otto Loewi）則是一個非常專注於目標的人。羅威是美國的著名醫師及藥理學家，一九三六年榮獲諾貝爾生理學及醫學獎。

羅威一八七三年出生於德國法蘭克福的一個猶太人家庭。他從小喜歡藝術，繪畫和音樂都有一定的水準。但他的父母是猶太人，對猶太人深受各種歧視和迫害心有餘悸，不斷敦促兒子不要學習和從事那些涉及意識形態的行業，要他專攻一門科學技術。他的父母認為，學好數理化，可以走遍天下都不怕。

在父母的教育下，羅威進入大學學習時，放棄了自己原來的愛好和專長，進入施特拉斯堡大學醫學院學習。

羅威是一位勤奮志堅的學生，他不怕從頭學起，他相信忍耐的作用，必定會成功。帶著這種心態，很快進入狀態，他專心致志於醫學課程的學習。

心態是行動的推進器，他在醫學院攻讀時，被導師的學識和專心鑽研精神所吸引。這位導師叫淄寧教授，是著名的內科醫生。勒韋在這位教授的指導下，學業進展很快，並深深體會到醫學也大有施展才華的天地。

羅威從醫學院畢業後，他先後在歐洲及美國一些大學從事醫學專業研究，在藥理學方面取得較大進展。由於他在學術上的成就，奧地利的格拉茨大學於一九二一年聘請他為藥理教授，專門從事教學和研究。在那裡他開始了神經學的研究，透過青蛙迷走神經的試驗，第一次證明了某些神經合成的化學物質可將刺激從一個神經細胞傳至另一個細胞，又可將刺激從神經元傳到應答器官。他把這種化學物質稱為乙醯膽鹼。

一九二九年他又從動物組織分離出該物質。羅威對化學傳遞的研究成果是一個前所未有的突破，對藥理及醫學做出了重大貢獻，因此，一九三六年他與戴爾（Henry H. Dale）獲得了諾貝爾生理學羅威及醫學獎。

羅威是猶太人，儘管他是傑出的教授和醫學家，但也如其他猶太人一樣，在德國遭受了納粹的迫害，當局逮捕他，並沒收了他的全部財產，被取消了德國籍。

後來，他逃脫了納粹的監察，輾轉到了美國，並加入了美國籍，受聘於紐約大學醫學院，開始了對糖尿病、腎上腺素的專門研究。羅威對每一項新的科研，都能專注如一，不久，他這幾個項目都獲得新的突破，特別是設計出檢測胰臟疾病的羅威氏檢驗法，對人類醫學又做出了重大貢獻。

羅威的成功說明，成功之本取決於人的心理特質、人生態度和才能資質。當然，僅靠這個「本」還不夠，必須兼具高遠志向和實現目標的堅強毅力。特別是忍耐的精神，更有助人成功。

目標的單純與唯一

在開始邁向成功之前，應先問你自己一個問題：我的目標是什麼？

設定明確的目標，是所有成就的出發點。那些九十八%的人之所以失敗的原因，就在於他們從來都沒有設定明確的目標，並且也從來沒有踏出他們的第一步。

研究那些已獲得永續成功的人物時，就會發現，他們每一個人都各有一套明確的目標，都已訂出達到目標的計畫，並且花費最大的心思和付出最大的努力來實現他們的目標。

卡內基原本是一家鋼鐵廠的工人，但他憑著製造及銷售比其他同行更高品質的鋼鐵的明確目標，而成為全國最富有的人之一，並且有能力在全美國小城鎮中捐錢蓋圖書館作為公益事業。他的明確目標已不只是一個願望而已，它已形成了一股強烈的欲望，只有發掘出你的強烈欲望才能使你獲得成功。

認識願望和強烈欲望之間的差異是極為重要的。我們每個人都希望得到更好的東西——如金錢、名譽、尊重，但是大多數的人都僅把這些希望當做一種願望而已，如果你知道你希望得到的是什麼，如果你對達到自己的目標的堅定性已到了執著的程度，而且能以不斷的努力和穩健的計畫來支持這份執著的話，那你就已經是在發展你的明確目標。

一旦你學會如何駕馭內心裡的巨大潛能，以及如何組織已經擁有的知識的話，你就能把它們變成為達成明確目標所不可或缺的力量。

有句諺語說道：「如果你只想種植幾天，就種花；如果你只想種植幾年，就種樹；如果你想流傳千秋萬世，就種植觀念！」

就如愛迪生所說：「單一個觀念產生的力量，就可能超過一個世紀以來所有人、動物和引擎所產生的力量。」務必使你的觀念和明確目標發揮作用。

從明確目標中會發展出自力更生、個人進取心、想像力、熱忱、自律和全力以赴，這些全都是成功的必備條件。

1、有目標才會成功

據美國勞工部統計，每一百個美國人當中只有三個人能在六十五歲時，可以獲得經濟上某種程度的無憂無慮。每一百個六十五歲（或以上）的美國人當中，九十七個人一定要依賴他們每個月的社會保險支票才能生存。這是不是表示美國的夢想已經破裂了？這是不是表示通貨膨脹已失去了控制？是不是表示石油輸出國家組織控制了美國的能源供應，因而引起世界性的經濟不景氣？世界經濟情況對美國的生活確實有影響，在不景氣時期以及人工刺激經濟復蘇的階段內，美國人民的生活是很艱苦的。不過另有一些主觀因素，拿破崙・希爾認為它們與環境因素同等重要。

每十個從事高薪職業的人，例如律師、醫生的美國人當中，只有五個人活到六十五歲時，不必依賴社會保險金。你聽到這項統計數字之後，是否大吃一驚呢？不管人們在他們最具生命力的年齡中獲得怎樣的收入，但是只有如此少數的人能達到可觀的經濟成就。大多數人都幻想他們的生命是永恆不朽的。他們浪費金錢時間以及心力，從事所謂的「消除緊張情緒」的活動，而不是去從事「達到目標」的活動。大多數人每週辛勤工作，賺夠了錢，在週末把它們全部花掉。

大多數人希望命運之風把他們吹進某個富裕又神秘的港口。他們盼望在遙遠未來的「某一天」退休，在「某地」一個美麗的小島上過著無憂無慮的生活。倘若問他們將如何達到這個目標。他們回答說一定會有「某種」方法的。

如此多的人無法達到他們的理想，其原因在於：他們從來沒有真正定下生活的目標。拿破崙・希爾告訴我們有了目標才會成功。他說，正確的心態只是成功戰略的第一步，一旦打下了基礎，你就可以在上面建築理想，而目標則是構築成功的鑽石。

目標的作用不僅是界定追求的最終結果，它在整個人生旅途中都起作用，是成功路上的里程碑。

我們給自己定下目標之後，目標就在兩個方面發揮作用。它是努力的依據，也是對我們的鞭策。目標給了我們一個看得著的射擊靶。隨著我們努力實現這些目標，我們就會有成就感。對許多人來說制定和實現目標就像一場比賽，隨著時間推移，我們實現一個又一個目標，這時我們的思想方式和工作方式又會漸漸改變。

2、選擇明確的目標

許多人埋頭苦幹，卻不知所為何來，到頭來發現追求成功的階梯搭錯了邊，卻為時已晚。因此我們務必掌握真正的目標，並擬定目標的過程，澄明思慮，凝聚繼續向前的力量。

我們是否有一個目標或目的？我們必須有一個，因為我們難以達到你並未曾有的目標，正像讓我們從一個從未到過的地方回來一樣。

除非我們有確實、固定、清楚的目標，否則我們就不會察覺到內在最大的潛能，我們永遠只是「徘徊的普通人」中的一個，儘管我們可以是個「有意義的特殊人物」。

一個沒有目標的人就像一艘沒有舵的船，永遠漂流不定，只會到達失望、失敗和喪氣的海灘。

第3章 有氣度，人生不走回頭路

氣度非凡之人的眼睛是向前看的，回顧你腳下走過的路，再建立起新的、自己的路，才能真正地成功。

把握今生

我們在這裡，處於現在；除此之外，人類所有的知識都是妄言，所以請抓緊現在的時刻。每一種情況的忍耐，每一秒鐘的忍耐，都價值無限。我相信，現在未能把握的生命是沒有什麼比腳下踩的地更實在？有什麼比今生更直接？

今生都不積極地把握，憑什麼瞻望來生？今生都不耕耘，憑什麼盼望來生豐收？傾我們最大的力量，以我們最真實的心靈——把握我們有限的今生。

1、什麼是你生命中的大石頭

一天，時間管理專家為一群商學院學生講課。

他現場做了示範，給學生們留下一生難以磨滅的印象。站在那些高智商高學歷的學生前面，他說：「我們來做個小測驗」，拿出一個廣口瓶放在他面前的桌上。隨後，他取出一堆拳頭大小的石頭，仔細地一塊塊放進玻璃瓶裡。直到石頭高出瓶口，再也放不下了，他問道：「瓶子滿了嗎？」所有學生應道：「滿了」。時間管理專家反問：「真的？」他伸手從桌下拿出一桶礫石，倒了一些進去，並敲擊玻璃瓶壁使礫石填滿下面石頭的間隙。「現在瓶子滿了嗎？」他第二次問道。但這一次學生有些明白了，「可能還沒有，」一位學生應道。

「很好！」專家說。他伸手從桌下拿出一桶沙，開始慢慢倒進玻璃瓶。沙子填滿了石頭和礫石的所有間隙。他又一次問學生：「瓶子滿了嗎？」「沒滿！」學生們大聲說。他再一次說：「很好。」然後他拿過一壺水倒進玻璃瓶直到水面與瓶口齊平。接著抬頭看著學生，問道：「這個例子說明什麼？」一個心急的學生舉手發言：「它告訴我們，無論你的時間表多麼緊湊，如果你確實努力，你可以做更多的事！」

「不！」時間管理專家說，「那不是它真正的意思。這個例子告訴我們，如果你不是先放大石頭，那你就再也不能把它放進瓶子裡。」

那麼，什麼是你生命中的大石頭呢，與你愛人共度時光，你的信仰，教育，夢想，或是教育指導其他人？……切切記得先去處理這些大石頭，否則，一輩子你都不能做到。

2、希望是前進的動力

希望是催促人們前進的動力，也是生命存在的最主要激發因素：只要活著，就有希望；相對的，只要抱有希望，生命便不會枯竭。

希望，不一定是多麼偉大的目標，它可以縮小到平淡生活中的一些小期待、小盼望、小快樂、小滿足，譬如明天會看到太陽，明天要去聽一場音樂會；下星期約了老朋友喝茶，下個月即將有一小筆獎金；陽台上的盆花，即將盛開；明天將穿一件新衣，購買一件想要的物品，完成一個嶄新的計畫……雖然在別人眼裡，或許儘是些微不足道的細碎小事，但是，對個人而言，卻能帶來一些樂趣，也都值得等待，這些就都是喜悅的希望。

希望，可能是明天公佈考試成績得高分，或是榮登金榜；希望可能是明天見到自己心愛的人，或是獲得自己渴望的答案，也可能是洞房花燭的日子；希望就是這樣平平常常地滿足，從從容容地期盼。

有這樣一個鄉下女子，生長在偏遠的小村子裡。過著日出而作日落而息的生活，她喜愛一項傳統工藝：剪紙，而且達到了相當高的水準。這個女孩子不知從哪裡道聽塗說這麼一個消息：一些外國人喜歡中國的工藝品，大老遠跑到農家小院去買老太太做的繡花鞋，一雙十美元，值好好多錢呢。她想，大都市的外國人多，如果把自己的剪紙拿到那裡一定能賣個好價錢。

十八歲那年，她為自己的剪紙作品進行了第一次嘗試，她帶著省吃儉用賺出來的車錢，滿懷希望地到了大都市。但是她沒有想到，大都市藝術品市場裡的剪紙那麼便宜，她帶去的作品一塊錢一張都沒人要，險些連回家的車錢都成了問題。這次嘗試得到的答案是：此路不通，後果是不僅沒賺到錢還賠上了一筆車錢。此時，這位女孩應當把什麼放在第一位？女孩選擇了堅持。她堅持繼續學習剪紙藝術。

二十二歲那年她為自己的剪紙進行了第二次嘗試。她苦苦哀求、軟硬兼施地拿到了父母為她準備的一萬元，交了鎮公所一家美術館的展覽費。這一次更慘，她不僅賠上了父母的錢，還欠下了一大筆債，而且成了鄉鄰茶餘飯後的笑料，這樣的後果她已經無法承受了，只好一走了之，為還錢跑到外地去打工。打工的那段日子儘管她過得很艱難，但除了每天在生產線上拚命工作外，還擠出時間去上一晚間的美術課，處處留心實現自己剪紙夢想的機會。

後來，她做了一次又一次努力。隨著年齡的增長和人生閱歷的增加，她將自己所能了解到的途徑一一嘗試，到美術學校自薦、參加各種各樣的評比和展出、給報紙雜誌寄作品、報名參加電視台的參與節目、想方設法接觸記者、聯繫贊助做個人展、請工藝品店和市場代賣、去印刷廠推銷自己的設計……

她的嘗試有許多都失敗了，但她勇敢地承擔每一次失敗帶來的後果，曾被仲介騙子騙了所有的作品，也曾被債主逼得走投無路。每失敗一次都要狼狽不堪地善後，但她每一次在面臨選擇的時候，始終把酷愛的剪紙藝術放在第一位。後來，她有了自己一個小小剪紙工作室，靠剪紙維持自己的生活。她滿足了，快樂地認為自己獲得了成功，因為日夜與她相伴的是剪紙藝術。最後鄉下女孩終於成了遠近聞名的剪紙藝人。

鄉下女孩就是這樣每天給自己一個小小希望，生活便充滿無限活力，然而，她沒有時間去想東想西，去悲春嘆秋了。

一位華人留學生剛到澳大利亞的時候，為了尋找一份能夠糊口的工作，他騎著一輛舊自行車沿著環澳公路走了數日，替人放羊、割草、收莊稼、洗碗……只要給一口飯吃，他就會暫且停下疲憊的腳步。

一天，在一家餐館打工的他，看見報紙上刊出了澳洲電信公司的招募啟事。留學生擔心自己英語不標準，專業不符，他就選擇了線路監控員的職位去應徵。過五關斬六將，眼看他就要得到那高年薪的職位了，不料招考主管卻出人意料地問他：「你有車嗎？你會開車嗎？我們這份工作要時常外出，沒有車寸步難行。」澳大利亞公民普遍擁有私人汽車，無車者寥若晨星，可這位留學生初來乍到還屬無車一族。為了爭取這個極具誘惑力的工作，他不假思索地回答：「有！」「四天後，開著你的車來上班。」主管說。

四天之內要買車、學車談何容易，但為了生存，留學生豁出去了。他在華人朋友那裡借了五百澳元，從舊車市場買了一輛外表醜陋的金龜車。

第一天他跟會開車的朋友學簡單的駕駛技術；第二天在朋友屋後的那塊大草坪上摸索練習；第三天歪歪斜斜地開著車上了公路；第四天他居然駕車去公司報了到。時至今日，他已是「澳洲電信」的業務主管了。

這位留學生的專業知識如何我們無從知道，但他的膽識確實讓人佩服。不完美，也給自己留一份希望去努力。如果他當初畏首畏尾地不敢向自己挑戰，不給自己以希望，絕不會有今天的輝煌。那一刻，他毅然斬斷了自己的退路，讓自己置身於命運的懸崖絕壁之上。正是面臨這種後無退路的境地，人才會集中精力奮勇向前。從生活中爭得屬於自己的位置。

面對生活，不論希望大小，只要值得我們去期待、去完成、去實現，都是美好的，而當我們在進行的過程中，必然會體會到其中的快樂，生命便也因此更豐富，更有意義。

3、奮鬥人生

「吃得苦中苦，方為人上人」這是我們常常用來激勵自己的一句老話。

一個肯吃苦、肯奮鬥、不怕失敗的人，即使尚未成功，但相信他的前途是飛黃騰達的。天生我才必有用，只要我們不怕吃苦，不管是遇到什麼大風大浪，或是急湍暗礁，也唯有在這種環境之下才能激起美麗的浪花；反倒是風平浪靜的海面只能引起小小的漣漪，況且現在我們正年輕，現在不奮鬥更待何時呢？

西方諺語說：「年輕的本錢，就是有時間去失敗第二次。」等到我們老了，就已經沒人肯請我們去工作了所以現在好好奮鬥是很重要的。

大家應該都聽說過沒有了雙手或雙腳的口足畫家吧，他們的人生通常都過得非常坎坷，但從不放棄希望。他們用嘴巴畫出許多栩栩如生的畫，有的有妻子和小孩過得幸福美滿，他們的恒心與毅力，愈挫愈勇的精神深受人們欽佩。

「有恆為成功之本」，做任何事情恒心與毅力必先具備，這樣的「成功之日」必指日可待。維持現狀就是落伍，我們要不斷地求進步，未來是虛幻的，唯有把握當下才是最重要的。

縱觀歷史，古聖先賢也都是奮鬥所換取來的，沒有人一出生就會說話、會走路，都是靠後天培養與學習，所以不管是天才或是笨蛋，只要肯上進，一樣能闖出屬於自己的天空。

4、儲蓄人生

人們在吃飽穿暖之後，知道了要儲蓄，以便在需要的時候支領它，借助它走出困境。每當我們清點一張張金額不大但令人鼓舞的存單時，心裡應該就要有一種感悟：人生，不也是一種儲蓄嗎？

一個人呱呱墜地，便開始儲蓄親情。這一儲蓄會伴隨他或（她）走過一生。他們所儲蓄的，是一種血肉相連的情感，是一筆超越時空的財富，無論離得多遠，隔得多久，都可以隨意支領和享用它們。有了親情這筆儲蓄，即便在物質上很貧困，精神上卻是富有的；而不懂得或丟失了親情的儲蓄，無異於泯滅了本性和良知。

友情，也是人生一筆受益匪淺的儲蓄。這儲蓄，是患難之中的傾囊相助，是錯誤路上的逆耳忠言，是跌倒時一把真誠的攙扶，是痛苦時抹去淚水的一縷春風。真正的友情儲蓄，不是可以單向支領的，而要通過雙方的積累加重其分量。任何帶功利性的友情儲蓄，不僅得不到利息，而且連本錢都會喪失殆盡。

愛情是一種幸福而艱苦的儲蓄。一對陌路相逢的男女，婚前相戀固然需要執著的儲蓄，而要在一個屋簷下應對幾十年的風風雨雨，又需要儲蓄多少和諧、多少默契、多少理解、多少扶助啊！這絕不是靠花前月下、甜言蜜語可以解決問題的。享用這筆儲蓄如享用清冷中的一把火、泥濘中的一縷陽光、生病時的一句深情的話語、彷徨時的一番溫柔的鼓勵。愛情的常愛常新，需要月月儲蓄、日日積累。

學識的儲蓄需要鍥而不捨。一個人從幼小到成熟的過程，就是不斷地儲蓄知識的過程。接受小學、中學、大學乃至更高的教育，這僅僅是儲蓄知識的一個方面，重要的在於刻苦勤勉，日積月累，不斷地充實和更新知識，堅持活到老學到老，「儲蓄」到老。人生需要儲蓄的東西很多。儲蓄人生，就是要儲蓄人生中那最寶貴、最難忘、最精緻的部分；儲蓄一切至真至善至美。一個人懂得要儲蓄什麼，並知道怎樣去儲蓄，實在是一種智慧與幸運。

5、自我激勵

請看這兩位成功人士的事蹟。

畢業於東京大學法律系的大村文年進入「三菱礦業」成為小職員。當公司舉行新人歡迎會時，他對那些與他同時進入公司的同事說；「我將來一定要成為這家公司的總經理。」

在他的豪言壯語之後，開始他的長遠計畫。憑其旺盛的鬥志與驚人的體力，數十年如一日，孜孜不倦地工作，如今當然遠遠超過眾多資深的幹部與同事，在毫無派系背景之下，完全憑藉本人實力，衝破險境，終於在三十五歲之後當上「三菱礦業」的總經理。以三菱財團的歷史而言，未到六十歲就成為直系公司的總經理，可說是史無前例。他的就職的確驚動日本工商界人士，內心無不驚訝，並深感佩服。

一位二十四歲的年輕人，充滿自信地走進美國通用汽車公司，應徵做會計工作，他只是為了父親曾說過的「通用汽車公司是一家經營良好的公司」，並建議他去看一看。在應試時，他的自信使主考官印象十分深刻。當時只有一個空缺，而應試員告訴他，那個職位十分艱苦，一個新手可能很難應付得了，但他當時只有一個念頭，即進入通用汽車公司，展現他足以勝任的能力與超人的規劃能力。

當主考官在雇了這位年輕人之後，曾對自己的秘書說過，「我剛剛雇用一個想成為通用汽車公司董事長的人！」這位年輕人就是從一九八一年起就出任通用汽車公司董事長的羅傑・史密斯。

羅傑剛進公司的第二位朋友阿特・韋斯特回憶說：「合作的一個月中，羅傑正經地告訴我，他將來要成為通用的總裁。」正是高度自我激勵，指示著這兩位成功人士要永遠朝成功邁進，也是引導他們走向目標的法寶。

好幾年前，鹽湖城住著一位年輕人，他具有勤勞和節儉的美德，並因而獲得許多讚美。但他的一項舉動使他的朋友們都認為他瘋了：他從銀行領出他所有的存款，並到紐約參觀汽車展，回來時還買了一輛新車。

更糟糕的是，當他回到家之後便立刻把車停到車庫中並將每個零件都拆卸下來，在檢視完每個零件之後，他再把車子組裝回去。那些旁觀的鄰居都認為他的行為實在太不正常了，而當他一再重複拆卸組裝的動作時，這些旁觀者就更加確定他瘋了。這個人就是克萊斯勒，他的鹽湖城鄰居們不太了解隱藏在他瘋狂行為中的動機，他們從來都沒有聽過什麼明確目標，也無法理解成功意識對一個人成功的重大影響力。

成功的意識是人人都可以形成的，關鍵是有心人自覺地把它形成了，有的人是根本就沒有考慮到這個問題。這樣的人也無法成功。當你認為它具有潛在的可能，你就去做吧，帶給你的將是你夢寐以求的成功。

堅持全方位發展

在人生的大道上，只有先清楚地認識自己的一切，才能清楚地認識他人的一切。認識我們自己的真面目，是一個人走向成熟的第一步。

1、讓別人都喜歡你

我們要想自己的路好走，要想自己能夠更容易地向前邁進，就要讓別人喜歡你，讓更多的人為我們賣力。

也許我們學識淵博，也許我們能言善辯，也許我們談吐文雅，可是僅僅擁有這些還不夠，我們一定要讓別人喜歡我們。

人際交往中，別人喜歡或者厭惡你，是由你的社交水準、品味以及為人處世的方法所決定的。同時，它也可以決定你事業的成功或失敗。所以，在人際交往中，注意以下幾個方面陶冶、約束個人的品性和修養，就能有效地贏得他人的好感，避免惹人生厭。

(1) 謙恭自律，不要爭強好勝

初入社會的青年男女，接受新知識新觀念快，富有開拓創新精神，這是一種難得的人才優勢，但如果把這種優勢誤作為追求名利、嘩眾取寵、恃才傲物的資本，就很容易走入狂妄自大、爭強好勝的誤區。在社交場合，無論你自己的知識多麼豐富，口才多好，都應該時刻以謙恭的態度嚴格約束自己。這樣，個人形象不僅不會受到影響，反而還會使你獲得很好的人緣。

(2) 和風細雨，不要出口傷人

現實生活中，許多因詞不達意、語言尖刻抑或「刀子嘴豆腐心」而惹人生厭者比比皆是。正所謂「片言之誤，可以啟萬口之譏」。慷慨激昂，言人所不敢言，對方自會發生辛辣的反應；陳義晦澀，言辭拙訥，對方自會發生苦澀反應；一味訴苦，到處乞憐，對方自會發生寒酸反應；好放冷箭，傷人為悅，傷人越甚，越以為快，對方自會發生創痛的反應。

為避免出口傷人，說話宜三思而後動，不宜心直口快，宜和風細雨，不宜含沙射影。說話之前，起碼先得考慮這樣一個問題：他願不願意聽你說話。願意聽你就說，不願意聽還是免開尊口為妙。同時，要善於換位思考，你的金口玉言如果是對方說給你聽，你是愉悅還是心生不快？如此，便會漸漸改掉這種不受歡迎的毛病。

(3) 得理饒人，不要針鋒相對

青年人血氣方剛，遇事容易激動，尤其在自以為正確的情況下，更易理直氣壯、咄咄逼人，這種處世方式是很不受歡迎的。因為人無完人，誰也不是聖人，說話辦事哪能沒有個閃失呢。

每個人都有心氣不順的時候，如果對方所說的話語，你感到不悅耳甚至反感，不妨充耳不聞。假如對方的行為，你覺得不順眼，不妨視而不見，何必過分認真、錙銖必較、窮追不捨，定要報以尖刻的話呢？

（4）尊重他人，不要霸氣十足

所謂霸氣，就是指有些人只許他人尊重自己，而自己卻不尊重他人。如果你在與人交往時，無意中養成了這種不好的習慣，必遭眾人厭惡。尊重他人既是一個人行為的準則，也是一個人在人際交往中的信譽形象，無論做任何事，不尊重他人，你在人們心目中的形象首先就會大打折扣，更不要說霸氣十足而令眾人生厭了。

（5）檢點言行，不要打探私事

剛踏入社會的人，對什麼都感到新鮮，因而樂於打破沙鍋問到底。殊不知社會上人員複雜，每個人為了保護自己的安全，有許多事情是不希望別人知道的。所以，除了對很親近的人或者很熟悉的朋友之外，一般不要去詢問別人的私生活。有時為了表示自己的關切，也要請求別人的同意，等別人自願告訴你。假如對方願意把事情告訴你，你千萬不要把知道的私事當做新聞一樣到處傳播。

2、讓別人信任你

人際關係是人實現社會化的重要手段之一，與個人、社會都密切相關。好的人際關係會讓你的人生更加充實，讓你的事業更進一步。

首先，良好的人際關係有助於形成人的道德情感。透過觀察就能發現，在相容、相近、相親相愛的人際關係中最易於形成集體主義、利他主義，以及善良、熱情等高尚的情感。

其次，良好的人際關係有利於保持人的心理健康。和諧的人際關係能滿足人的精神需求，使人產生積極的自我肯定情緒，這種情緒狀態有利於人保持愉快的心境。在和諧肯定的人際關係中，每個人都能感覺自己對他人的價值和他人對自己的意義，這對於人的心理健康是很重要的。

第三，良好的人際關係能有效地促進活動的順利完成。在和諧的人際關係中，人們心情舒暢，智力活動得以正常進行。廣泛而和諧的人際關係有利於人開闊視野，拓展心胸，擴大選擇範圍，增進資訊來源。

第四，良好的人際關係可以提高社會的合作化水準及和諧度，有利於社會的發展和進步。人能夠長期忍受物質上的匱乏，卻無法長期忍受精神和情感上的匱乏。人對他人的需要和依賴是遠遠超過我們每個人自己所了解和想像的程度的。沒有他人提供的物質，我們無以為生；沒有他人對我們精神上的慰藉，我們會度日如年。對於一個社會來說，後一點尤為重要。

我們每個人所渴望的關心和愛護，我們每個人所希冀的理解和友誼，我們每個人所需要的尊重和承認，都只有在他人那裡才能得到。沒有他人對自己的期待、信賴、友情與尊敬，我們就無從獲得我們所需要的安全感、幸福感和成就感，我們的存在也會失去價值和意義。

人為了獲得精神上的情感上的滿足，就要學會與他人和諧相處，要學會調節自己與他人的關係。青少年朋友隨著年齡的增長，與外界和他人交往也日益增加。如何形成良好的人際關係，對於青少年身心的健康發展及順利地邁入成人社會，有極其特殊而又重要的意義。

形成良好人際關係的一個重要條件就是人際信任。人的感情溝通是同性質的：愛引起愛，嫉妒引起嫉妒，恨引起恨。這是感情的正相關效應。所以，我們只是以愛來喚起愛，以愛來回報愛，以信任來喚起信任，以信任來回報信任。

由於許多原因，現在很多青少年在人際交往中存在的一個問題就是對他人難以信任，在有些人眼中，社會複雜得就像個大黑洞，你無法看清它的真面目；他人都是心懷叵測，不可相信的，因此，在與人交往中，疑慮重重，唯恐上當受騙。有些居心不良的人固然是要防備的，但畢竟是少數，不能因此連朋友也拒之千里。過分的狐疑、猜忌、不信任，會使人難於交友，無法形成相應的人際關係，在這種氛圍中工作學習都會受到影響，個人心理壓力也會很大。

但是，有些人容易走極端，在人際交往中對任何人都是以不設防的心態高度信任，這種做法也並不可取。有的人鑑別能力不是很高，過度地信任他人會使人喪失應有的警惕，使別有用心的人有機可乘。

天道酬勤

人處在適當的忙碌之下時，快樂便會從工作中滋生出來，有如五彩的花瓣由結實的花朵中長出；如果他們忠實地助人，並且富有同情心，他們所有的感情便會穩定、深沉、持久，使靈魂富有生命力，一如自然的脈息之於身體。

1、想擁有金子，就得辛勤地耕耘

古老的神話中，神仙有一種本領，點石成金。千百年來，不知道有多少人希望自己有此異能。其實，「點石成金」並不難，它就在我們生活裡，在你勤奮的工作中。在整個宇宙中，除了人以外都不存在遊手好閒的東西，所有的事情都在根據自身的規律永不休止地運行著。「世界上最偉大的法則就是工作，」有人說，「生活使有機的事物緩慢而有條不紊地朝著自己的目標前進。」生活沒有其他含義，這就是自然的法則，任何地方一旦停止活動，就一定會後退。我們一旦不再使用自己某個部分的器官，它們就開始衰退。只有那些我們正在使用的東西，大自然才會賦予我們力量，而那也是我們唯一能支配的東西。

勤奮工作的習慣就是點石成金之術。而那些出類拔萃的人物，那些奉勤勉準則為金科玉律的人們，將使整個人類因為他們的工作而受益。再也沒有什麼比做起事來磨蹭蹭能阻礙一個人成功的了——它會分散一個人的精力，滅失一個人的雄心，使我們只能被動地接受命運的安排而不是主動地主宰自己的生活。

《閒話集》中把對社會毫無價值的人當做死人，而只有當他們對別人有價值時才把他們看作是活著的。這樣的話，有的人實際上二十歲才出生，有人的人則是三十歲，有的人則是六十歲，而有的人直到離開人世都沒有真正生活過。

有一位學者曾說過；「有工作可做、有生活目標的人是幸福的：他已經找到了自己應該做的事情並且會繼續做下去。就像一條流動的運河，某種高貴的力量在苦澀貧瘠的鹽鹼地開鑿了它。而一旦開鑿，它就會如同一條很深的河流一樣日夜不停地向前流去，把又鹹又苦的鹽鹼水從草根的底部清洗掉，把蚊蟲肆虐的沼澤地轉變成鬱鬱蔥蔥的草地，上面流淌著清澈見底的小溪。工作本身就是生活，也許除了從工作中得來知識，你沒有其他有價值的知識，其餘一切所謂的『知識』其實不過是種種假說罷了。」

許多人讚嘆那些風雲人物的成就，他們哪裡知道，當他們安然入夢時，殊不知那些事業成功者依舊孜孜不倦地工作著！

工作，它使人眼睛明亮，使人面色紅潤，使人肌肉結實，使人頭腦敏銳，使勃勃的血液在全身迴圈，使腳步輕盈健康。工作是治癒很多身體疾病的靈丹妙藥，總之，工作著的人更是健康的人。勤勉工作的人是幸福的，而工作是所有成就和文明的秘密所在。

生活中很多故事也體現著「勤」字的真諦。

「你為什麼不想去上學？」父親問他那十五歲的孩子，那孩子不想繼續讀書使他感到很吃驚。「噢，」兒子回答說，「我太討厭讀書了，再說我覺得讀書沒有什麼用。」

「你覺得自己懂得的東西已經足夠多了嗎？」父親質問道。

「我知道的絕不比我的同學少，他三個月前離開了學校。他說，他不會繼續讀書了，他爸爸也有很多錢。」

然後，兒子準備向門外走去。「你別走，等一下。」父親說。

「用不著向我說什麼，如果你不願意讀書可以不讀；但是你要明白一件事情——如果你不去讀書，就得去工作。你無所事事，我可不會養著你。」

第二天早上，父親帶兒子去參觀了一所監獄。在裡面與他以前的一個同學見了面。

「見到你我很高興，」那囚犯向他們走過來的時候，父親說，「但是我非常遺憾在這裡見到你。」

「你的遺憾不會比我的後悔更甚。」那囚犯對父親說，「我想這是你的孩子吧？」

「是的，這是我的大兒子。他現在的年紀和我們以前一起上學的時候差不多。那些日子你還記得嗎？」

「我多麼希望自己能夠忘記啊，」過了一會兒，那囚犯又感慨地道，「有的時候我真希望那只是一場夢，可是醒來才發現現實確實如此。」

「當時是怎麼回事？」父親問道，「我最後一次見到你時，你的前景似乎很不錯，比我要好得多。」

「幾句話就可以說清楚，」那囚犯回答說，「我倒楣都是因為遊手好閒，和不好的人混在一起。我不想讀書，我認為富人的孩子用不著學習。我父親死後給我留下一筆財產，但這些錢沒有一分是我自己賺來的，所以我一點都不知道金錢的用途和價值。我也不知道怎麼回事，糊裡糊塗一陣後，一天早上我醒來時發現自己一無所有了，竟然比最窮的勞工都要窮。而我不知道怎麼透過誠實的工作來賺錢，結果如何就不用我說了。」

父親問監獄的看守員：「你們的囚犯有多少人受過職業訓練，可以用正當的手段謀生？」

「十個裡面不到一個。」看守員回答。

「兒子，當我告訴你必須像其他孩子一樣工作時，你顯得很吃驚，」在他們坐車回家的路上，父親說，「這次到監獄來就是我的回答。大家都認為我是個有錢人，我確實也是有錢人，我能夠為你提供最好的機會使你變得聰明懂事。但是，無論是現在還是將來，我的財富都不能讓你不用工作就能生活下去，很多父親經歷了種種挫折之後，才意識到讓孩子遊手好閒是一件多麼可怕的事情！」

兒子沉思片刻，說：「我想星期一還是去上學吧。」

另外還有一個故事很有啟發性。

約翰・亞當斯也是一個厭倦了讀書的孩子，他要求父親不要再讓他學拉丁語了。

「沒問題，約翰，」父親回答說，「但是，你要去水田裡挖幾條溝，水田需要排水了。」

約翰本來就不大敢向他父親提出不再學習拉丁語的要求，現在他更不敢拒絕父親的命令了，因為他知道父親是什麼樣的人。於是，他拿過鐵鍬，在水田裡忙忙碌碌地工作了一天。但是，挖的時候開始促使他自我反省思。那天晚上，他請求父親允許他第二天繼續去學習拉丁語，父親同意了。從此以後，約翰非常熱情地投入到學習中去了，還養成了認真對待任何事情的做事習慣。結果，他成了美國獨立戰爭時期的關鍵人物之一，並且在華盛頓之後成為第二任美國總統。

「當我只需要養活自己時，我為什麼還一定要努力工作呢？」許多年輕人竟然問這樣的問題。如果一個人無須供養母親、姐妹或者妻子，這已經是上帝對他的厚愛了，他竟然不懂得：承受辛勤的勞動本身對塑造自己的品格和完善自己的個性也是非常有益的。

也曾經有位富人自己當年沒有優越的物質條件來接受良好的教育和培養各方面的文化素養，但他靠白手起家成就了一番事業，透過犧牲自己個人的舒適生活為孩子們留下了一大筆產業。但臨終時，他懺悔道：在他們的教育和職業訓練方面，我花費的金錢與心血太少，他們從來不知道缺錢花是什麼滋味。本來，再沒有人能像我的兒子們這樣有條件成為正直而受人尊敬的人，但是結果又怎樣呢？一個是醫生，可是沒有病人找他看病；一個是律師，可是沒有一個客戶；第三個經商，可是從來不到自己的帳戶去看看經營情況如何。我苦口婆心地勸說他們要兢兢業業，要節儉，要積極要求上進，但是他們把我的話當成了耳邊風。他們怎麼回答？『沒必要，爸爸，我們永遠不會缺錢。你賺的錢足夠我們幾個花了。』」

這些例子都告訴我們：兢兢業業地工作，你就會擁有燦爛輝煌的幸福生活。

無論何時何地，脫離了工作就脫離了現實，脫離了現實的人是無法在現實中生存下去的。只有辛勤的勞動，才會有豐厚的人生回報。即使給你一座金山，你無所事事，也總有一天會坐吃山空的。傳說中的點石成金之術並不存在，而在勞動中獲得財富才是最正確的途徑。你想擁有金子，你的辦法只有辛勤的耕耘。

2、勤奮可以讓你通往成功

每一個成功者的背後，都有著一連串讓人精神為之振奮之事，沒有一個人的才華是與生俱來的。在成功的道路上，除了勤奮，是沒有任何捷徑可走的。

魯迅說得更清楚：「其實即使天才，在生下來的時候第一聲啼哭，也和平常的兒童一樣，絕不會就是一首好詩。」、「哪裡有天才，我是把別人喝咖啡的工夫用在工作上。」

任何事情，唯有不停前進方可有生命力，學習更是如此，不前進就是後退。學校不是享樂的天堂。在這裡，人才雲集，快節奏的生活，高度的競爭又時刻令人體會到一種莫大的壓力，潛移默化地催人上進。這其中不乏有許多激動人心的故事：有一位知名教授講過這樣一個故事。

住在十九樓的時候，我曾一度與一位年歲不很大，但沉默寡言的中年教師住對門，他就是被稱作「中國文科的陳景潤」裘錫圭教授。別的我似乎忘了，但依稀記得他那十．五平方公尺的房間，朝北，漏水，最靠角落，而且房內四周從地板到天花板堆得都是書。他是古典文獻專業的，我沒有聽過他的課，平時也很少說話，只是見面點頭而已。

有回我上廁所，發現他蹲在那裡，還在一頁頁地背字典看詞書。人家告訴我，這不是第一次。

在圖書館閱覽室裡，他總是用最快節奏的步子走到書架旁，抽出一本書，又小跑步式地趕回座位，那動作，記錄下來，活像電視動畫片裡匆匆趕路的人物。

當我們的孩子已追逐戲鬧在走廊裡的時候，他仍然是單身一人，整天鑽在書堆裡，「無絲竹之亂耳，無案牘之勞形」，他彷佛生活在距今幾千年前的另一個世界裡。在這間神秘的小屋裡，他寫出了郭沫若贊為「至確」的考據文章，辨識了大量的戰國出土竹簡；在這間神奇的小屋裡，他爭分奪秒，努力拚搏，登上了中國古文字研究的一座又一座巔峰。

他也有娛樂的時候，那是在水房。他洗著洗著衣服，會突然發出幾句京劇唱詞的狂吼，聲音震顫了玻璃窗，在他身邊沒有準備的人會嚇一跳。一個蘊涵著巨大能量的軀體，這會兒才找到感情的噴口。他急急忙忙洗完衣服，端著臉盆，又大步流星地鑽回了那間小屋。

像上面這位學者的人比比皆是，他們都深深地知道成功是由勤奮鑄就的。他們從不浪費時間，充分地利用每一分、每一秒，勤勤懇懇，為事業而奮鬥著。

3、一勤天下無難事

有句俗話，叫做「一勤天下無難事」。唐朝大文學家韓愈也曾經說過：「業精於勤」。這就是說，學業方面的精深造詣來源於勤奮好學。勤，對好學上進的人來說，是一種美德。我們所說的勤，就是要人們善於珍惜時間，勤於學習，勤於思考，勤於探索，勤於實踐，勤於總結。看古今中外，凡有建樹者，在其歷史的每一頁上，無不都用辛勤的汗水寫著一個閃亮的大字——「勤」。

（1）**勤出成果**

我國歷史巨著《史記》的作者司馬遷，從二十歲起就開始漫遊生活，足跡遍及黃河、長江流域，彙集了大量的社會素材和歷史素材，為《史記》的創作奠定了基礎。德國偉大詩人、小說家和戲劇家歌德，前後花了五十八年的時間，搜集了大量的材料，寫出了對世界文學和思想界產生很大影響的詩劇《浮士德》；經營之神王永慶小學畢業後，先到茶園當雜工，後來又到一間米店當學徒，十六歲時用父親所借的兩百元自己開辦了一家米店，之後又經營過碾米廠、磚瓦廠、木材行、生產ＰＶＣ塑膠粉等等，一九五四年籌資創辦了台塑公司……可見，任何一項成就的取得，都是與勤奮分不開的，古今中外，概莫能外。

（2）**勤出聰慧**

傳說古希臘有一個叫德摩斯梯尼的演說家，因小時口吃，登台演講時，聲音渾濁，發音不準，常常被雄辯的對手所壓倒。但是，他氣不餒，心不灰，為克服這個弱點，戰勝雄辯的對手，便每天口含石子，面對大海朗誦，不管春夏秋冬，風霜雨雪，堅持五十年如一日，連爬山、跑步也邊走邊做演說，終於成為全希臘最有名氣的演說家。我國宋代學者朱熹也講過這樣一個故事：福州有一個叫陳正元的人，一篇小文章也要讀一二百遍才能讀熟。可是他不懶不怠，勤學苦練，別人讀一遍，他就讀三遍、四遍，天長日久，知識與日俱增，後來終於「無書不讀」，成了一個博學之士。

這說明，即使有些天資比較差、反應比較遲鈍的人，只要有勤奮好學的精神，同樣也是可以棄拙為巧應變拙為靈的。

勤奮是點燃智慧的火把。一個人的知識多寡，關鍵在於勤奮的程度如何。懶惰者，永遠不會在事業上有所建樹，永遠不會使自己變得聰明起來。唯有勤奮者，才能在知識的海洋裡獵取到真才實學，才能不斷地開拓知識領域，獲得知識的酬報，使自己變得聰明起來。

高爾基說過：「天才出於勤奮」。卡萊爾也說過：「天才就是無止境刻苦勤奮的能力」。這就是說，只要我們不怠於勤，善求於勤，就一定能在艱苦的勞動中贏得事業上的巨大成就。我想每一個渴望能得到真知灼見的人，是一定能夠體會到「勤」的深刻含義的。

能忍則忍，不因小失大

不如意，十常居八九，我們無論如何都應正確面對，而且能忍就忍，在忍中等待命運的轉機也是一種人生藝術。

1、不必追求無益的所謂勝利

才子馮夢龍寫了這樣一則故事。從前，有父子二人，性格都非常剛直，生活中從來不對人低頭，也不讓人，且不後退半步。

一日，家中來了客人，父親命兒子去市場買肉。兒子拿著錢在屠夫處買了幾斤上好的肉，用繩子串著轉身回家，來到城門時，迎面碰上一個人，雙方都寸步不讓，誰也不甘心避開，於是，面對面地站在那邊，僵持了很長時間。

日已正中，家中還在等肉下鍋待客飲酒，做父親的不由得十分焦急起來，便出門去尋找買肉未歸的兒子。剛到城門處，看見兒子還僵在那兒，半點也沒有讓人的意思。父親心下大喜：「這真是我的好兒子，性格這麼剛直；又大怒：那是什麼人，竟敢如此放肆？」他躥步上前，大聲說道：「好兒子，你先將肉送回去，陪客人吃飯，讓為父的站在這兒與他對抗！」

話音剛落，父親與兒子交換了一個位置，兒子回家去烹肉煮酒待客；父親則站在那個人的面前，如怒目金剛般挺立不動。惹得眾多的圍觀者都大笑不止。

一般而言，性格剛直者在處世中不易吃虧，受人欽佩，但太剛直了會走向負面，這種人往往固執己見，嚴守自我的做人準則，不退讓，不變通，沒有半點柔弱的氣象。

人生在世，無一點剛直之氣是不行的，尤其是應該心有所主，擁有一些確定的做人準則。這樣，人們可勇氣倍增，可與人抗爭，與社會黑暗的東西抗衡，凸顯出自我的個性和風貌。

但是，剛直並不是賭氣，不是去追求無益的個人「勝利」，就像馮夢龍先生筆下所述的這對剛直的父子，僅僅為了避讓的小事，就與人對起衝突，不管其他的事，這就由剛直走向了蠻橫，久而久之會引起別人的厭惡，最終會在人生旅途中碰得頭破血流。

2、面對高傲者適當地忍讓

不管你在什麼環境下謀生，都免不了和高傲者打交道。初次與高傲者打交道，首先要有足夠的思想準備，要準備碰一鼻子灰。遭到冷遇不要一觸即潰，更不要灰心喪氣。為此，就不要過分自尊，要經得起刺激。善於以忍讓、堅韌的精神，與之周旋，這樣就為戰勝對手奠定了思想基礎。其次，要樹立強烈的自信心和必勝信念，從心理上使你成為強者，如果你一見傲者心裡就發愁，那麼，你已經在心理上打了敗仗，最後勝利的可能性就很小了。再次，要把勝負的目標定在交際的最後結果上，不要過分計較對方的態度、語氣、語言，一切都要以取得最後的勝利為目標。

只要有了上述思維做準備，那麼在具體相處時就會做出正確的選擇。當你面對高傲者的冷漠清高時，你就會持寬容忍讓態度，並能這樣說服自己：高傲者的傲氣並不是針對我一個人的，而是他們的個性，不必與之計較。這樣就會使自己避免心理失衡、產生厭惡或怵頭的感覺，並滿懷信心地與之交往。總之，這種態度會指導你繞開對方的不友好態度的影響，與之進行實質性交際，使自己處於優勢地位，最後達到交際的目標。

實際上，有些高傲者往往外表上很傲，叫人難以接近，但在工作上態度極認真負責。如果只看其表面態度，與其計較，就會因小失大，影響交際效果。因此，學會採取寬容忍讓的態度和方法，對其高傲姿態「視而不見」，繞開「明礁」，直奔主題，討論實質的問題，那時，對方的傲氣也就不會成為交往、共事的障礙了。

高傲者多看重自我形象，對自我評價較高，自我感覺良好。與他打交道不妨採取投其所好的方式，對其業績、學識、才能等，以實事求是的讚美，使其榮譽心、自尊心得到滿足。這樣就可從心理上縮短距離，同樣能起到左右他們態度的作用。比如：有位生性高傲的處長，一般不熟悉的人很難接近他——他那生硬冷漠面孔常使人望而卻步。有位外地來的公務員聽說了他的氣，一見面就微笑著遞了一支菸說：「處長，我一進門就有人告訴我，處長是個爽快人，辦事認真，富有同情心，特別是對外地人關照。我一聽，高興極了。我就愛和這樣的主管共事，痛快！」這幾句開場白，把處長捧得臉上立刻露出一絲笑容，接下去辦正事，果然大見成效。

這位公務員的成功便得益於開頭的那幾句恭維話。他先把對方的身價抬起來，使其自尊心得到滿足，這時，對方就不好意思對一個恭維尊敬自己的人給冷遇、露難看了。自然，高傲者會在維護自我形象的心理支配下變得和藹可親起來。使用恭維方法時需注意兩點：一是要實事求是。恭維的內容不是無中生有，而是確有其事，對方才會感到高興。如果進行肉麻的吹捧，拍馬屁，清醒的高傲者也會把他當成小人而更加小看。二是讚美要呈可而止。讚美在這裡不過是一種使高傲者改變態度的手段，是交際的序幕。如果一味讚美，而不及時轉入正題，就失去了意義。

3、避免正面衝突，迂回制勝

清末著名才子紀曉嵐很善於駕馭言語。留下了許多千古佳話。有一回，乾隆皇帝想開個玩笑以考驗紀曉嵐的辯才，便問紀曉嵐：「紀愛卿，『忠孝』二字當作何解釋？」

紀曉嵐答道：「君要臣死，臣不得不死，是為忠；父要子亡，子不得不亡，是為孝。」

乾隆立刻說：「那好，朕要你現在就去死。」

「臣領旨！」

「你打算怎麼個死法？」

「跳河。」

「好吧！」乾隆當然知道紀曉嵐不可能去死，於是靜觀其變。不一會兒，紀曉嵐回到乾隆皇帝跟前，乾隆笑道：「紀愛卿何以未死？」

「我碰到屈原了，他不讓我死。」紀曉嵐回答。

「此話怎講？」

「我去到河邊，正要往下跳時，屈原從水裡向我走來，他說：『曉嵐，你此舉大錯矣！想當年楚王昏庸，我才不得不死；可如今皇上如此聖明，你為什麼要死呢？你應該回去先問問皇上是不是昏君，如果皇上說他跟當年的楚王一樣是個昏君，你再死也不遲啊！』」

乾隆聽後，放聲大笑，連連稱讚道：「好一個如簧之舌，真不愧為當今的雄辯之才也。」

這裡，乾隆是根據紀曉嵐提出的「君要臣死，臣不得不死，是為忠」之論叫他去死，此令順理成章，紀曉嵐臨陣進退皆無道理，只有迂回出擊，方能主動創造契機，指出「如果皇上承認自己是昏君，我就去死」。而乾隆當然不可能承認自己是昏君，所以，紀曉嵐很自然地也就把自己從「死」中解脫出來。

正是因為紀曉嵐巧用「迂回出擊」的技巧，在毫不損害乾隆面子的情況下，點出他的無理之處；不僅為自己找到了一個充分的不死理由，還博得了皇帝的歡心。

對於一些不能得罪的人提出的難題，不要急於做正面的反擊。可以採用迂回的策略，盡力避開對手的優勢，趁勢抓住對方的漏洞，不動聲色地予以反擊，進攻其薄弱的環節，從而克敵制勝。

4、躲開「惹不起」的人，避免不必要的麻煩

(1)避開亡命之徒

亡命之徒是生活中最讓人頭痛的一類人，他們最大的特點就是走極端，拿生命做賭注，不怕付出任何代價，是一種心理變態的人。這種人層次很低、品質惡劣，自以為是，以老子天下第一自居，蠻橫不講理，很難對付。

亡命之徒的典型語言就是：「死都不怕，還怕什麼」、「今天不是你死，就是我

亡，有我沒你，有你沒我」、「只要給我留一口氣，總有一天會剁了你」。這樣的人為不大一點事，就敢下毒手，拚個你死我活，惹上亡命之徒就會給我們帶來數不清的麻煩和損失。

在亡命之徒眼中，倫理道德、正義、法律一錢不值，無所顧忌，還有什麼能壓服他們呢？

不跟亡命之徒較勁，主要原因是為了不攪亂我們的正常生活，而不是懦弱害怕。我們多數人都是有正經事要去辦的，為了避免一些不必要的麻煩，就不能與這類人較真，否則會耽誤了大事。

與亡命之徒計較是最沒有價值可言的，這種人視生命如兒戲，置公理於不顧，與這種人發生衝突一點好處也不會有。聰明人不會作無謂的犧牲，不會捲入沒有價值的衝突。社會自有正義在，秩序自有法律來維持，亡命之徒遲早會受到懲罰的。但我們在日常交往中，還是儘量去識別亡命之徒、避開亡命之徒為妙。

我們在與亡命之徒相處時，至少需要在行為界限上把握住以下三點：其一，要學會老老實實地做人，不輕易刺激或觸犯脾氣大、心狠手辣的人。把握住行為分寸，不給對方造成誤解和幻想的機會。其二，在衝突的苗頭剛出現時，要採取有效辦法補救，穩住對方情緒，消滅對方的勢頭。其三，抓住對方欺善怕惡、欺生怯熟的心理，巧妙地做出暗示，讓對方了解你的實力，曉得你的厲害，放棄拚命的念頭。

（2）別去招惹潑婦

人們習慣上把那些兇悍不講理的女人稱作潑婦。在女性團體中，潑婦是氣質比較低的，也是很難對付的，不僅女士們害怕潑婦，男士們也不容易「降」得了她們。冒犯了這樣的人，有理也講不清楚。一旦某個團體中有這麼個潑婦，在無法隔斷與她往來的情況下，人們都應該小心謹慎，要在行為上把握好界限，避免與之發生接觸。

避開潑婦最積極的理由就是「投鼠忌器」。投鼠忌器語出《漢書・賈誼降》，意思是用器物打老鼠怕砸壞了器物。不是怕老鼠，而是為了保護器物。對潑婦也是這樣，我們不去招惹她、不與她計較，是出於我們的正事考慮，為我們的尊嚴和水準考慮，不要損害了我們這些真正有價值的東西。

(3) 不跟小人計較

小人之所以常常給別人氣受，甚至樂此不疲，主要是因為這樣做是有所圖的。要麼是為了損人利己，爭得一些好處，要麼純粹是為了陷害別人，避免別人勝過自己，謀求心理上的平衡。由此可見，小人是有不同層次的。

有些生活在我們身邊的鼠輩小人，他們的眼睛牢牢地盯著我們周圍所有的大大小小的利益，隨時準備多撈一份，為此不惜一切代價準備用各種手段來算計別人，令人防不勝防，他們平時或許能潛藏在團體內部在背地裡做手腳，但猴子的尾巴終究藏不住，總有敗露的那一天。

小人是琢磨別人的專家，敢於為小恩怨付出一切代價，因此對付小人沒有一套辦法是不行的。小人固然厲害，但我們並不怕他，避開小人是因為我們不值得把太多的精力浪費在一些沒有價值的爭鬥上。一旦把握不好自己的行為界限，得罪小人，他就會想方設法來琢磨你，破壞你的正事，分散你的精力，使你不能安心於工作、學習和生活。所以，所有想幹好正事的人都必須繞開小人。

避開小人必須在行為界限上把握好以下幾點：識別小人，摸清他的喜好和忌諱；言行周密，有備無患，小心提防；關鍵時刻要多一個心眼，不要上小人的當。

這就是我們在現實生活中，怎樣恪守忍讓的邊界和方法。我們不是不能做到，而是我們忽略了這些，這是我們人生失敗的一個原因。

忍讓有一定的限度

與人相處的時候，忍讓和寬恕是一種美德。但是必須把握住一定的限度；在無關緊要的小事上不必斤斤計較，但在原則問題上絕不能退讓。一個人如果不敢堅持原則，以犧牲根本的東西來換取一時的苟安，他也就失去了做人的尊嚴和價值。在人們的眼中，這樣的人只能是窩囊無能、懦夫的形象，只能是個受氣包的形象。

哲學上常常把度作為質和量的統一。也就是說，在度的中間，包含了具有一定量和質的結合，在度之中，事物的性質變化於一定的範圍之內，不會出現根本性的變化。而一旦超出了這個度，事物的性質便會出現新的特點，正如水在一百度之內仍然是水，可一旦燒開便變成了氣體一樣。在採取忍耐策略的時候，也要有一個度，比如在下列情況下，就不能一味採取忍讓的策略。

1、下不為例，事不過三

所謂「事不過三」，說的是人們對同一物件的寬容和忍讓，可以一次、兩次，但決不可一讓再讓。忍讓到一定程度上，必須有所表示，使對方真正認識到自己的退讓不是一種害怕和無能，而只是出於一種大度，從而不再繼續下去。

在日常生活中，經常有一些這樣不識好歹的人，他們為所欲為，得寸進尺，把同事及其他人的忍讓當成是好欺負，可以佔便宜，因此一而再、再而三地步步緊逼。對待這種人，在經過幾次忍讓之後，看清了其真面目，則不應再忍讓下去，可以適當地給對方一點顏色看看，並通過正當的方式勇敢地捍衛自己的權利，這樣，使對方認識到自己的錯誤。

當然，這種曉之以厲害的方式和途徑可以是多種多樣的，但目的都是一個，就是讓對方了解自己真正的態度，這便是可以參照的一條原則。

2、對方得寸進尺時，不可再忍

有些人在侵犯別人的某種利益和許可權之後，由於對方採取了忍的態度，使之得逞。可是，這種人在得逞之後，發現了新的目標、新的利益，從而刺激了其利欲，以至於使原來的行為轉化為另一種難以接受的事情。

這時，作為當事人，便不能依然保持一種忍的態度，而必須隨著事物性質的變化而考慮予以反擊和抵抗。

在日常生活中，這種情況是經常發生的。之所以會這樣，就在於那些不識好歹的人常常會由於得到某些不公正的利益之後，使自己的行為在一種惡性膨脹邪念的驅動下，由一般的越軌而發展為犯罪。如果是這樣，我們便不可一味地忍讓下去了。

3、自己忍無可忍時，就不能再忍

忍無可忍的情況通常出現在一些公共場合之中。有些人以為別人也不認識自己，而且以後彼此間很難還會有相遇在一塊兒的時候，因而處於一種匿名的狀態中。這樣一種狀態往往使人在一定程度上擺脫過去所承擔的某些義務和責任，也會不同程度地放鬆良心對自己的約束，因而發生和做出一些不道德的、過分的行為舉止。例如，在火車上、在公園裡、在公共汽車裡，等等。非常有意思的是，在這種公共場合中，有些人也常常抱著一種大事化小，小事化無，儘量少惹麻煩的心理，對於一些過分的、帶有攻擊性的行為持忍讓的態度。這樣一方是咄咄逼人，另一方卻又是息事寧人，很容易造成一種有利於某些人不斷膨脹其侵犯心理的環境和條件。但是，也恰恰是在這種情況下，由於有些人肆無忌憚地一意孤行，也很容易地把人們逼到一種「絕境」，以至於產生了一種忍無可忍的心理。

成熟的人懂得：要保持自己的骨氣，把自己的刀劍插入刀鞘，但需要自衛時要毫不猶豫地拔出來。既然你已經躲不過去了，還不如趁早解決的好。

4、人應該適當地有一點鋒芒

人的行為很容易受習慣的支配，只要屈服過一次，就會一而再、再而三地屈服下去，不失時機地人前稍顯勇氣，是不可忽略的處世之智。不要成為受氣包，一旦生氣就應果斷地行動。

俗話說：「吃柿子揀軟的。」人們發脾氣也往往找那些軟弱善良者。因為大家都清楚，這樣做並不會招致什麼值得憂慮的後果。在我們身邊的環境裡，到處都是這樣的受氣者，他們看起來軟弱可欺，最終也必然為人所欺。一個人表面上的軟弱，事實上助長和縱容了別人侵犯你的欲望。

我們要知道保持勇氣的重要；不要過分抬高他人，以致對之心懷敬畏。沒有誰能超越人性的局限。主管不過只是職位比別人高些，權威也只是一種地位帶來的表面力量而已。

其實，為了保障自己必要的權利，人是應該有一點鋒芒的。雖然我們不必像刺蝟那樣全副武裝，渾身帶刺，至少也要讓那些兇猛的動物們感到無從下口，得不償失。

有了好氣度就能從內心快樂起來

生活中是否經常聽到有人這樣那樣地抱怨，我們自己是否也有這樣的一種甚至幾種類似的感覺？

「我制定並實現了我的畢生目標，事業上已經功成名就，但卻犧牲了我的個人和家庭生活。我不再了解我的妻子和孩子。我甚至不能確定我是否了解我自己和對我來說真正重要的是什麼。我不得不捫心自問——這是否值得？」

「我又進行了一次節食——在今年這已是第五次了。我知道自己的體重過重，而且確實想改變這種狀況。我翻閱了所有的新資料，制定了目標，並以一種積極的精神態度使自己振奮起來，我給自己打氣——我能堅持下來，但我未做到。幾個星期後我就敗陣了。看來我連對自己作出的承諾都信守不了。」

「我一課又一課地上著有效管理培訓班。我對員工們寄予厚望，而且對他們竭力表示友好並公正地對待他們。但我從他們那裡感覺不到忠誠……這可怎麼辦才好？」

「不管我用什麼辦法，要做的事沒完沒了，時間老是不夠用，我整天——每天，一星期七天都感到精神上壓力重重，心煩意亂。我已參加了一些時間規劃的講座，並試用了五六種不同的時間安排方法。它們有些作用，但我仍感到自己現在並未過著一種我所想過的幸福、寧靜和富有成果的生活。」

「我很忙，的確忙。但有時候我不知道我現在的所作所為從長遠看是否會有意義。我確實希望我的生活是有意義的，不管怎麼樣，由於我的存在，情況還是有所不同了。」

「看到朋友和親戚取得了某種成就或獲得了某種成功，我熱情地向他們祝賀。但在內心裡，我卻感到悲哀憂傷，我怎麼會有這種感覺呢？」

「我具有堅強的個性。我知道，在幾乎所有的交往中，我都能左右結局。在大多數時候，我甚至能以影響別人來提出我所想要得到的答案，以此達到目的。我仔細思量了每一次情況，我確實感到自己的主意通常對每個人來說都是最好的。但我感到不安，總想知道別人在心裡究竟是怎麼看我和我的主意的。」

「我的婚姻已變得淡然無味。我們並不吵架或發生別的什麼事，只是彼此之間不再相愛。我們已向旁人諮詢求教，並已作了種種的嘗試，但看來我們就是不能重新燃起我們曾懷有的情感。」

《向你挑戰》一書的作者廉・丹佛認識到，他所接觸到的許多人從外表看事業飛黃騰達，但內心卻一直受到種飢渴的困擾；他們渴望自身獲得和諧與效力，渴望與他人建立起一種健康和日益增進的關係。

這是一些深層次的問題、使人感到痛苦的問題——施以權宜的應急方法無法加以解決的問題。廉・丹佛指出：我們不僅必須觀察我們所看到的世界，還必須觀察一下我們看世界時所透過的媒介，以及媒介本身規定了我們對世界給予何種的解釋。如果我們想改變這種情況，我們首先必須改變我們自己，而要有效地改變我們自己，首先必須改變我們的觀念。人類之所以不同於其他生物，乃是因為具有極強的改造能力，可以把任何東西或想法轉換或改變成能讓自己覺得快樂或有用的東西。

人類是地球上唯一能夠過著豐富內在生活的動物，他經常不看外在的環境怎麼樣，而是憑著自己的選擇，來認定自我和決定未來的行動。

我們人類之所以不同於其他生物，乃是因為具有極強的改造能力。可以把任何東西或想法轉換或改變成能讓自己覺得快樂或有用的東西。而我們最強的能力，便是能把自己的經驗結合別人的經驗，創造出完全不同於任何人的方式，展現在生活的各種層面上。因而也只有人能夠改變心態，使痛苦化為快樂使快樂化為痛苦。

曾有這樣一件事，有一個人把自己關在籠子裡絕食抗議，他為了某個理由有三十天沒有進食任何食物，結果還能活下去。在肉體上他所承受的痛苦非常大，然而此舉卻能吸引大眾注意，他因而得到快樂，結果所受的痛苦便為快樂所抵消。若把範圍再縮小一點，有些人之所以願意忍受肉體的折磨，乃是因為這樣能得到鍛鍊身體的快樂，使嚴格克己的磨練轉化為個人成長的滿足。

這也就是何以他們能長久忍受那樣的痛苦，因為他們能得到所要的快樂。

我們不能隨著環境的變化而起舞，因為那樣就不能決定自己人生的方向。這種情況就有如一部公用電腦，任何人都可以輸入亂七八糟的程式。我們每個人的行為，不管是有意還是無意，都受到痛苦和快樂這股力量的影響，而這個影響的來源即兒時的玩伴、自己的父母、老師、朋友、電影或電視影片中的英雄及其他種種，不知不覺中它們對你造成了影響。有些時候可能是別人說的一句話、學校發生的一件事、比賽中的一場勝利、一次尷尬的場面，或是各個科目都是八十分以上的成績，這都可能對你造成莫大的影響，因而塑造了今天的你。由此可以說：我們的人生是掌握在對於痛苦和快樂的認定上。

當我們回顧過去，是否能夠回想出有哪一次經驗所形成的一連串後果對我們造成今日的影響？我們對那次的經驗賦予了什麼樣的意義？如果我們當時未婚，我們是把婚姻看成一件愉快的探險呢，還是把婚姻視為沉重的負擔？當晚上坐在餐桌上時，我們把用餐視為是一次給身體加添補給的機會呢，還是把大吃一頓當成快樂的唯一源泉？

奧瑞利歐斯說：「如果你對周圍的任何事物感到不舒服，那是你的感受所造成的，並非事物本身如此。借著感受的調整，你可在任何時刻都振奮起來。」

氣度決定寬度

作　　者　　侯清恆

發 行 人　　林敬彬
主　　編　　楊安瑜
編　　輯　　蔡穎如
美術編排　　曾竹君
封面設計　　曾竹君

出　　版　　大都會文化　行政院新聞局北市業字第89號
發　　行　　大都會文化事業有限公司
110台北市信義區基隆路一段432號4樓之9
讀者服務專線：（02）27235216
讀者服務傳真：（02）27235220
電子郵件信箱：metro@ms21.hinet.net
網　　　址：www.metrobook.com.tw

郵政劃撥　　14050529 大都會文化事業有限公司
出版日期　　2007年12月初版一刷
定　　價　　220元

ISBN　　978-986-6846-23-6
書　　號　　Growth-021

Metropolitan Culture Enterprise Co., Ltd.
4F-9, Double Hero Bldg., 432, Keelung Rd., Sec. 1,
Taipei 110, Taiwan
Tel:+886-2-2723-5216　Fax:+886-2-2723-5220
E-mail:metro@ms21.hinet.net
Web-site:www.metrobook.com.tw

◎本書如有缺頁、破損、裝訂錯誤，請寄回本公司更換。

國家圖書館出版品預行編目資料

氣度決定寬度. / 侯清恆 著.
-- 初版. -- 臺北市：大都會文化, 2007. 12
面； 公分. --（Growth；21）
ISBN 978-986-6846-23-6（平裝）
1. 修身 2. 容忍
192.1　　96020712

大都會文化 圖書目錄

■度小月系列

路邊攤賺大錢【搶錢篇】	280元	路邊攤賺大錢2【奇蹟篇】	280元
路邊攤賺大錢3【致富篇】	280元	路邊攤賺大錢4【飾品配件篇】	280元
路邊攤賺大錢5【清涼美食篇】	280元	路邊攤賺大錢6【異國美食篇】	280元
路邊攤賺大錢7【元氣早餐篇】	280元	路邊攤賺大錢8【養生進補篇】	280元
路邊攤賺大錢9【加盟篇】	280元	路邊攤賺大錢10【中部搶錢篇】	280元
路邊攤賺大錢11【賺翻篇】	280元	路邊攤賺大錢12【大排長龍篇】	280元

■DIY系列

路邊攤美食DIY	220元	嚴選台灣小吃DIY	220元
路邊攤超人氣小吃DIY	220元	路邊攤紅不讓美食DIY	220元
路邊攤流行冰品DIY	220元	路邊攤排隊美食DIY	220元

■流行瘋系列

跟著偶像FUN韓假	260元	女人百分百：男人心中的最愛	180元
哈利波特魔法學院	160元	韓式愛美大作戰	240元
下一個偶像就是你	180元	芙蓉美人泡澡術	220元
Men力四射：型男教戰手冊	250元	男體使用手冊：35歲+♂保健之道	250元
想分手？這樣做就對了！	180元		

■生活大師系列

遠離過敏：打造健康的居家環境	280元	這樣泡澡最健康：紓壓、排毒、瘦身三部曲	220元
兩岸用語快譯通	220元	台灣珍奇廟：發財開運祈福路	280元
魅力野溪溫泉大發見	260元	寵愛你的肌膚：從手工香皂開始	260元
舞動燭光：手工蠟燭的綺麗世界	280元	空間也需要好味道：打造天然香氛的68個妙招	260元
雞尾酒的微醺世界：調出你的私房Lounge Bar風情	250元	野外泡湯趣：魅力野溪溫泉大發見	260元
肌膚也需要放輕鬆：徜徉天然風的43項舒壓體驗	260元	辦公室也能做瑜珈：上班族的紓壓活力操	220元
別再說妳不懂車：男人不教的Know How	249元	一國兩字：兩岸用語快譯通	200元
宅典	288元		

寵物當家系列

Smart養狗寶典	380元	Smart養貓寶典	380元
貓咪玩具魔法DIY：讓牠快樂起舞的55種方法	220元	愛犬造型魔法書：讓你的寶貝漂亮一下	260元
漂亮寶貝在你家：寵物流行精品DIY	220元	我的陽光‧我的寶貝：寵物真情物語	220元
我家有隻麝香豬：養豬完全攻略	220元	SMART養狗寶典（平裝版）	250元
生肖星座招財狗	200元	SMART養貓寶典（平裝版）	250元
SMART養兔寶典	280元	熱帶魚寶典	350元

人物誌系列

現代灰姑娘	199元	黛安娜傳	360元
船上的365天	360元	優雅與狂野：威廉王子	260元
走出城堡的王子	160元	殞逝的英格蘭玫瑰	260元
貝克漢與維多利亞：新皇族的真實人生	280元	幸運的孩子：布希王朝的真實故事	250元
瑪丹娜：流行天后的真實畫像	280元	紅塵歲月：三毛的生命戀歌	250元
風華再現：金庸傳	260元	俠骨柔情：古龍的今生今世	250元
她從海上來：張愛玲情愛傳奇	250元	從間諜到總統：普丁傳奇	250元
脫下斗篷的哈利：丹尼爾‧雷德克里夫	220元	蛻變：章子怡的成長紀實	260元
強尼戴普：可以狂放叛逆，也可以柔情感性	280元	棋聖 吳清源	280元

心靈特區系列

每一片刻都是重生	220元	給大腦洗個澡	220元
成功方與圓：改變一生的處世智慧	220元	轉個彎路更寬	199元
課本上學不到的33條人生經驗	149元	絕對管用的38條職場致勝法則	149元
從窮人進化到富人的29條處事智慧	149元	成長三部曲	299元
心態：成功的人就是和你不一樣	180元	當成功遇見你：迎向陽光的信心與勇氣	180元
改變，做對的事	180元	智慧沙	199元
課堂上學不到的100條人生經驗	199元	不可不防的13種人	199元
不可不知的職場叢林法則	199元	打開心裡的門窗	199元
不可不慎的面子問題	199元	交心—別讓誤會成為拓展人脈的絆腳石	199元
方圓道	199元	12天改變一生	199元
氣度決定寬度	220元		

■SUCCESS系列

七大狂銷戰略	220元	打造一整年的好業績	200元
超級記憶術：改變一生的學習方式	199元	管理的鋼盔：商戰存活與突圍的25個必勝錦囊	200元
搞什麼行銷：152個商戰關鍵報告	220元	精明人總明人明白人：態度決定你的成敗	200元
人脈=錢脈：改變一生的人際關係經營術	180元	週一清晨的領導課	160元
搶救貧窮大作戰の48條絕對法則	220元	搜驚．搜精．搜金：從Google的致富傳奇中，你學到了什麼？	199元
絕對中國製造的58個管理智慧	200元	客人在哪裡？：決定你業績倍增的關鍵細節	200元
殺出紅海：漂亮勝出的104個商戰奇謀	220元	商戰奇謀36計：現代企業生存寶典Ⅰ	180元
商戰奇謀36計：現代企業生存寶典Ⅱ	180元	商戰奇謀36計：現代企業生存寶典Ⅲ	180元
幸福家庭的理財計畫	250元	巨賈定律：商戰奇謀36計	498元
有錢真好：輕鬆理財的十種態度	200元	創意決定優勢	180元
我在華爾街的日子	220元	贏在關係－勇闖職場的人際關係經營術	180元
買單！一次就搞定的談判技巧	199元	你在說什麼？—39歲前一定要學會的66種溝通技巧	220元
與失敗有約 —13張讓你遠離成功的入場券	250元	職場AQ—激化你的工作DNA	220元
智取—商場上一定要知道的55件事	220元		

■都會健康館系列

秋養生：二十四節氣養生經	220元	春養生：二十四節氣養生經	220元
夏養生：二十四節氣養生經	220元	冬養生：二十四節氣養生經	220元
春夏秋冬養生套書	699元	寒天：0卡路里的健康瘦身新主張	200元
地中海纖體美人湯飲	220元	居家急救百科	399元
病由心生—365天的健康生活方式	220元	輕盈食尚—健康腸道的排毒食方	220元

■CHOICE系列

入侵鹿耳門	280元	蒲公英與我：聽我說說畫	220元
入侵鹿耳門（新版）	199元	舊時月色（上輯＋下輯）	各180元
清塘荷韻	280元	飲食男女	200元

■FORTH系列

印度流浪記：滌盡塵俗的心之旅	220元	胡同面孔：古都北京的人文旅行地圖	280元
尋訪失落的香格里拉	240元	今天不飛：空姐的私旅圖	220元
紐西蘭奇異國	200元	從古都到香格里拉	399元
馬力歐帶你瘋台灣	250元	瑪杜莎艷遇鮮境	180元

■大旗藏史館

大清皇權遊戲	250元	大清后妃傳奇	250元
大清官宦沉浮	250元	大清才子命運	250元
開國大帝	220元	圖說歷史故事—先秦	250元
圖說歷史故事—秦漢魏晉南北朝	250元	圖說歷史故事—隋唐五代兩宋	250元
圖說歷史故事—元明清	250元	中華歷代戰神	220元
圖說歷史故事全集	880元	人類簡史—我們這三百萬年	280元

■大都會運動館

野外求生寶典： 活命的必要裝備與技能	260元	攀岩寶典： 安全攀登的入門技巧與實用裝備	260元
風浪板寶典— 駕馭的駕馭的入門指南與技術提升	260元	登山車寶典— 鐵馬騎士的駕馭技術與實用裝備	260元
馬術寶典—騎乘要訣與馬匹照護	350元		

■大都會休閒館

賭城大贏家：逢賭必勝祕訣大揭露	240元	旅遊達人： 行遍天下的109個Do&Don't	250元
萬國旗之旅－輕鬆成為世界通	240元		

■大都會手作館

樂活，從手作香皂開始	220元	Home Spa & Bath— 玩美女人肌膚的水嫩體驗	250元

■BEST系列

人脈＝錢脈－ 改變一生的人際關係經營術（典藏精裝版）	199元	超級記憶術—改變一生的學習方式	220元

■FOCUS系列

中國誠信報告	250元	中國誠信的背後	250元
誠信：中國誠信報告	250元		

■禮物書系列

印象花園 梵谷	160元	印象花園 莫內	160元
印象花園 高更	160元	印象花園 竇加	160元
印象花園 雷諾瓦	160元	印象花園 大衛	160元
印象花園 畢卡索	160元	印象花園 達文西	160元
印象花園 米開朗基羅	160元	印象花園 拉斐爾	160元
印象花園 林布蘭特	160元	印象花園 米勒	160元
絮語說相思 情有獨鍾	200元		

■工商管理系列

二十一世紀新工作浪潮	200元	化危機為轉機	200元
美術工作者設計生涯轉轉彎	200元	攝影工作者快門生涯轉轉彎	200元
企劃工作者動腦生涯轉轉彎	220元	電腦工作者滑鼠生涯轉轉彎	200元
打開視窗說亮話	200元	文字工作者撰錢生活轉轉彎	220元
挑戰極限	320元	30分鐘行動管理百科(九本盒裝套書)	799元
30分鐘教你自我腦內革命	110元	30分鐘教你樹立優質形象	110元
30分鐘教你錢多事少離家近	110元	30分鐘教你創造自我價值	110元
30分鐘教你Smart解決難題	110元	30分鐘教你如何激勵部屬	110元
30分鐘教你掌握優勢談判	110元	30分鐘教你如何快速致富	110元
30分鐘教你提昇溝通技巧	110元		

■精緻生活系列

女人窺心事	120元	另類費洛蒙	180元
花落	180元		

■CITY MALL系列

別懷疑！我就是馬克大夫	200元	愛情詭話	170元
唉呀！真尷尬	200元	就是要賴在演藝圈	180元

■親子教養系列

孩童完全自救寶盒（五書＋五卡＋四卷錄影帶）	3,490元（特價2,490元）
孩童完全自救手冊：這時候你該怎麼辦（合訂本）	299元
我家小孩愛看書:Happy 學習 easy go!	220元
天才少年的5種能力	280元
哇塞！你身上有蟲！：學校忘了買、老師不敢教，史上最髒的科學書	250元

關於買書：

1. 大都會文化的圖書在全國各書店及誠品、金石堂、何嘉仁、搜主義、敦煌、紀伊國屋、諾貝爾等連鎖書店均有販售，如欲購買本公司出版品，建議你直接洽詢書店服務人員以節省您寶貴時間，如果書店已售完，請撥本公司各區經銷商服務專線洽詢。

   北部地區：(02)29007288　桃竹苗地區：(03)2128000　中彰投地區：(04)27081282
   雲嘉地區：(05)2354380　臺南地區：(06)2642655　高雄地區：(07)3730087
   屏東地區：(08)7376441

2. 到以下各網路書店購買：
   大都會文化網站（http://www.metrobook.com.tw）
   博客來網路書店（http://www.books.com.tw）
   金石堂網路書店（http://www.kingstone.com.tw）

3.到郵局劃撥：
   戶名：大都會文化事業有限公司
   帳號：14050529

4.親赴大都會文化買書可享8折優惠。

氣度決定寬度

北區郵政管理局
登記證北台字第9125號
免 貼 郵 票

大都會文化事業有限公司
讀者服務部收
110台北市基隆路一段432號4樓之9

寄回這張服務卡（免貼郵票）
您可以：
◎不定期收到最新出版訊息
◎參加各項回饋優惠活動

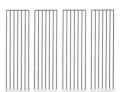

大都會文化　讀者服務卡

書號： Growth-021 **氣度決定寬度**

謝謝您選擇了這本書！期待您的支持與建議，讓我們能有更多聯繫與互動的機會。

A. 您在何時購得本書：________年________月________日

B. 您在何處購得本書：____________書店（便利超商、量販店），位於　　　（市、縣）

C. 您從哪裡得知本書的消息：1.□書店 2.□報章雜誌 3.□電台活動 4.□網路資訊
5.□書籤宣傳品等 6.□親友介紹 7.□書評 8.□其他____________________

D. 您購買本書的動機：（可複選）1.□對主題和內容感興趣 2.□工作需要 3.□生活需要
4.□自我進修 5.□內容為流行熱門話題 6.□其他__________________________

E. 您最喜歡本書的：（可複選）1.□內容題材 2.□字體大小 3.□翻譯文筆 4.□封面
5.□編排方式 6.□其他_______________

F. 您認為本書的封面：1.□非常出色 2.□普通 3.□毫不起眼 4.□其他____________

G. 您認為本書的編排：1.□非常出色 2.□普通 3.□毫不起眼 4.□其他____________

H. 您通常以哪些方式購書：（可複選）1.□逛書店 2.□書展 3.□劃撥郵購 4.□團體訂購
5.□網路購書 6.□其他_______________

I. 您希望我們出版哪類書籍：（可複選）1.□旅遊 2.□流行文化 3.□生活休閒
4.□美容保養 5.□散文小品 6.□科學新知 7.□藝術音樂 8.□致富理財 9.□工商管理
10.□科幻推理 11.□史哲類 12.□勵志傳記 13.□電影小說 14.□語言學習（____語）
15.□幽默諧趣 16.□其他_______________

J. 您對本書（系）的建議：____
____

K. 您對本出版社的建議：____
____

讀者小檔案

姓名：__________________　性別：□男 □女　生日：____年____月____日

年齡：□20歲以下 □20～30歲 □31～40歲 □41～50歲 □50歲以上

職業：1.□學生 2.□軍公教 3.□大眾傳播 4.□服務業 5.□金融業 6.□製造業
7.□資訊業 8.□自由業 9.□家管 10.□退休 11.□其他____________

學歷：□國小或以下 □國中 □高中／高職 □大學／大專 □研究所以上

通訊地址：____

電話：(H)______________　(O)______________　傳真：______________

行動電話：________________　E-Mail：__________________________

◎謝謝您購買本書，也歡迎您加入我們的會員，請上大都會網站
www.metrobook.com.tw 登錄您的資料，您將不定期收到最新圖書優惠資訊及電子報。

大都會文化
METROPOLITAN CULTURE

大都會文化
METROPOLITAN CULTURE